*Eduard Sachau*

# Drei aramäische Papyrusurkunden aus Elephantine

EHV
HISTORY

Eduard Sachau

**Drei aramäische Papyrusurkunden aus Elephantine**

ISBN/EAN: 9783955644505

Auflage: 1

Erscheinungsjahr: 2013

Erscheinungsort: Bremen, Deutschland

EHV
HISTORY

# DREI ARAMÄISCHE PAPYRUSURKUNDEN AUS ELEPHANTINE.

VON

## EDUARD SACHAU.

AUS DEN ABHANDLUNGEN DER KÖNIGL. PREUSS. AKADEMIE DER WISSENSCHAFTEN
VOM JAHRE 1907.

MIT 2 TAFELN.

NEUDRUCK.

BERLIN 1908.

VERLAG DER KÖNIGL. AKADEMIE DER WISSENSCHAFTEN.

IN KOMMISSION BEI GEORG REIMER.

Es sind merkwürdige Denkmäler eines hohen Altertums, welche in diesen Blättern zum ersten Male der Gelehrtenwelt vorgelegt werden, merkwürdig durch ihre Sprache und ihren Inhalt, merkwürdiger noch durch ihre Beziehungen zu den jüngsten Geschichtsbüchern des Alten Testaments, den Büchern der Chronik mit Esra und Nehemia sowie zu der jüdischen Geschichte in dem wenig bekannten Zeitraum zwischen der Wirksamkeit Nehemias und dem Auftreten Alexanders. Die Sprache, in der sie geschrieben sind, ist in allen wesentlichen Stücken identisch mit derjenigen der aramäischen Kapitel in den Büchern Esra und Daniel, und ihre Phraseologie bietet nahe Berührungen mit derjenigen der amtlichen Urkunden im Esrabuche. Sie handeln von dem Wiederaufbau eines zerstörten Tempels, wie die Urkunden bei Esra von dem Wiederaufbau des Tempels und der Stadtmauern Jerusalems handeln.

Es ist das Verdienst und Glück Hrn. Dr. Otto Rubensohns, diese Urkunden bei den jüngsten Ausgrabungen auf der Nilinsel Elephantine gegenüber dem auf dem Ostufer des Flusses gelegenen Assuan an der Grenze Ägyptens und Nubiens gefunden zu haben. Unter den Ergebnissen seiner Grabungen, die im Königlichen Museum eintrafen, befanden sich neben größern und kleinern Stücken und Fetzen von Papyrusurkunden auch einige noch geschlossene Rollen, die sich bei der Aufwicklung durch den Papyruskonservator des Museums, Hrn. Ibscher, zum Teil als aramäisch ergaben, unter ihnen diejenige, die hier als Nr. 1 bezeichnet worden ist. Über die Fundumstände verweise ich auf den Bericht am Ende dieser Abhandlung, den Hr. Dr. Rubensohn die Güte gehabt hat mir zur Verfügung zu stellen.

Es ist bekannt, daß Elephantine unter persischer und römischer Herrschaft eine Grenzfestung gegen Nubien und Standort einer Garnison gewesen ist. Es ist ferner aus der klassischen wie aus der ägyptologischen Literatur bekannt, daß in Elephantine der widderköpfige Gott Chnûm oder Ḥnûb חנוב neben andern Gottheiten verehrt wurde. So nennt Strabo C 817 Elephantine eine πόλις ἔχουσα ἱερὸν Κνούφιδος. Es ist eine in archäologischer Beziehung hochbedeutsame Entdeckung des Hrn. Clermont-Ganneau, daß er bei seinen ebenfalls im Stadtgebiet von Elephantine ausgeführten Grabungen die in granitnen Sarkophagen erhaltenen Mumien der dem Chnûm heiligen Widder aufgefunden hat, ein merkwürdiges Seitenstück zu den Apisgräbern im Serapeum bei der Stufenpyramide von Sakkara. Über diesen sowie seine anderweitigen Funde, unter denen besonders eine große Anzahl aramäischer Ostraka hervorzuheben ist, verweise ich auf seinen Bericht in den Comptes rendus der Académie des Inscriptions et Belles-Lettres vom 19. April 1907 (S. 201—203). Der einheimische Name Elephantines wird von H. Brugsch im Dictionnaire géographique de l'ancienne Égypte, Leipzig 1879, S. 110. 667 durch die Schreibungen 'abu, 'ibu, 'iab, 'ib wiedergegeben. Ihn in der semitischen Schreibung יב wiedererkannt zu haben, ist das Verdienst Clermont-Ganneaus (vgl. Comptes rendus derselben Akademie vom 14. August 1903, S. 364 und sein Recueil d'archéologie orientale t. VI, Paris 1905, S. 222 und 234). Die griechische Form des Namens ιηβ liegt vor in einer von W Dittenberger, Orientis Graeci inscriptiones selectae, Leipzig 1903, 1 nr. 111, S. 190 veröffentlichten Inschrift vom Jahre 163 v. Chr. G. in der Gottesbezeichnung Z. 21

ΤΟΫ ΧΝΌΜΩ ΝΕΒΙΉΒ,

was von U. Wilcken im Archiv für Papyrusforschung und verwandte Gebiete, 3. Bd., Leipzig 1906, S. 323 zutreffend als

des Chnûm des Herrn von Elephantine

erklärt worden ist. Zu weiterer Information über den Gott Chnûm verweise ich auf den Artikel von K. Sethe in Paulys Realenzyklopädie, ed. Wissowa 1899, Bd. 6, S. 2349 ff.

In Elephantine lebte eine jüdische Gemeinde, denn dem Archiv einer solchen entstammen die Funde Dr. Rubensohns. Sie berühren sich auf das engste mit den *Aramaic papyri discovered at Assuan.* Edited by A. H. Sayce with the assistance of A. E. Cowley, London 1906[1], und wenn

---

[1] Ich zitiere diese Schrift hier als Sayce-Cowley.

nicht alle Zeichen trügen, dürften die letzteren, mögen sie immerhin in Assuan ךזꞏ zutage gekommen sein, ursprünglich in Elephantine gefunden worden sein und dort einen Teil jenes Papyrusschatzes gebildet haben[1], dessen definitive Hebung Hrn. Dr. Rubensohn vorbehalten war. Die in Oxford edierten Urkunden gehören derselben Zeit an wie die jetzt in Berlin befindlichen, sie sind unter denselben Umständen entstanden, zum Teil von denselben Personen verfaßt, und dieselben Personennamen erscheinen hier wie dort.

Schließlich sind gleicher Provenienz wie die Oxforder und Berliner Urkunden auch die Fragmente eines aramäischen Papyrus, den Julius Euting vor wenigen Jahren mit gewohnter Meisterschaft enträtselt hat (s. Notice sur un papyrus Égypto-Araméen de la Bibliothèque Impériale de Strasbourg par J. Euting. Extrait des mémoires présentés par divers savants à l'Académie des Inscriptions et Belles-Lettres, 1. série, tome XI, II. partie, Paris 1903). Ganze Sätze in Eutings Fragment A finden sich ebenso in unsern Urkunden I und II, und ich zweifle nicht im geringsten, daß alle drei Fragmente Eutings, A, B und C, sich mehr oder weniger direkt auf dasselbe Ereignis beziehen wie unsre Urkunden I, II und III, auf die Anfeindung der jüdischen Gemeinde von seiten der Priester des Hnubtempels und der mit ihnen verbündeten persischen Reichsbeamten sowie auf die von diesen Feinden in das Werk gesetzte Zerstörung des jüdischen Tempels. Über Eutings Fragmente, die bei Sayce-Cowley S. 78/79 wieder abgedruckt sind, hat sich bereits eine kleine Literatur angesammelt[2].

Siehe am Schluß dieser Schrift den Fundbericht.

Die folgenden Besprechungen sind mir bekannt geworden:

Clermont-Ganneau, Répertoire d'épigraphie sémitique I, S. 361, Paris 1903 und S. 498, Paris 1904;

Halévy, Revue sémitique XII, 67 ff., Paris 1904;

Lidzbarski, Ephemeris II, 210 ff., Gießen 1906;

Guidi, La cultura XXIII, Nr. 8, S. 237, Rom 1904;

Schwally, Literarisches Zentralblatt 1904, Nr. 45, Kol. 1504;

Spiegelberg, Orientalistische Literaturzeitung 1904, Kol. 10.

Was die bisher veröffentlichten Besprechungen der Oxforder Publikation betrifft, verweise ich auf

Lidzbarski, Deutsche Literaturzeitung vom 22. Dezember 1906;

Nöldeke, Zeitschrift für Assyriologie XX, 130 ff., Straßburg 1907;

E. Schürer, Theologische Literaturzeitung 1907, Nr. 1 und Nr. 3, Leipzig 1907;

Schultheß, Göttingische Gelehrte Anzeigen, März 1907.

Es ist mir eine Freude hier dankbar anzuerkennen, wie sehr die meisterlichen Arbeiten meiner verehrten Freunde, der IIII. Euting, Cowley und Sayce, mir die meinige erleichtert haben.

Und nun geben wir den Verfassern der Urkunde I, dem Jedonjäh und seinen Genossen, den Priestern in der Festung Jeb, selbst das Wort und fügen zur Orientierung des Lesers nur noch hinzu, daß sie im Jahre 408/407 v. Chr. G. geschrieben haben.

# Urkunde I.

### (Siehe die Lichtdrucktafel.)

אל מראן בגיהי פחת יהוד עבדיך ידניה וכנותה כהניא זי ביב בירתָ[א] שלם

מראן אלה שמיא ישאל שגיא בכל עדן ולרחמן ישימנך קדם דריוהוש מלכא

3  ובני ביתא יתיר מן זי כען חד אלף וחין אריכן יתנן לך וחדה ושריר הוי בְכל עדן

4  כען עבדך ידניה וכנותה כן אמרן בירח תמוז שנת ר ////ı דריוהוש מלכא כזי ארשם
   אלהא

5  נפק ואזל על מלכא כמריא זי חנוב זי ביב בירתא המזית עם וידרנג זי פרתרך תנה

6  הוה לם אגורא זי יהי אלהא זי ביב בירתא יהעדו מן תמה אחר וידרָנג זך

7  לחיא אגרה שלח על נפין ברה זי רבחיל הוה בסון בירתא לאמר אגורא זי ביב

8  בירתא ינדשר אחר נפין דבר מצריא עם חילא אחרנן אתו לבירת יב עם תליחהם
   המר

9  על באגורא זך נדשוהי עד ארעא ועמודיא זי אבנא זי הוו תמה תברוי אף הוה תרען
   זִי

   זי אבן ////ı בנין פסילה זי אבן זי הוו באגורא זך נדשר וקמי ורשיהם קימו וצריריהם

   זי בששיא אלך נחש ומטלל עקהן ארז כלא זי עם שידית אשרנא ואחרן זי תמה

   הוה כלא באשה שרפו ומזרקיא זי זהבא וכסף ומזדעמתהא זי הוה באגורא ז[ך] כלא לקחו

13 ולנפשהתהום עבדו ומן יומי מלך מצרין אבהין בנו אגורא זך זי ביב בירתא וכזי כנבוזי על למצרין

14 אגורא זך בנה השכחה ואגורי אלהי מצרין כל מגרו ואיש מנדעם באגורא זך לא חבל

15 וכזי כזנה עבדו אנחנה עם נשין ובנין שקקן לבשן הוין וצימין ומצלין ליהו מרא שמיא

16 זי החוין בוידרנג זך כלביא חנפקו כבלא מן רגלוהי וכל נכסין זי קנה אבדו וכל גברין

17 זי בער באיש לאגורא זך כל קטילו וחזין בהום אף קדמת זנה בעדן זי זא באישותא

18 עביד לן אגרה שלחן מראן ועל יהוחנן כהנא רבא וכנותה כהניא זי בירושלם ועל אוסתן אחוהי

19 זי ענני וחרי יהודיא אגרה חדה לא שלחו עלין אף מן יום תמוז שנת ר ////ı דריוהוש מלכא

20 ועד זנה יומא אנחנה שקקן לבשן וצימין נשיא זילן כארמלה עבידין משח לא משחן

יחמר לא שתין אף מן זכי ועד יום שנת ר //// דריהוש מלכא מנחה ולב[נ]ה ועלוה

לא עבדו באגורא זך כען עבדיך ידניה וכנותה ויהודיא כל בעלי יב כן אמרין

22 הן על מראן טב אתעשת על אגורא זך למבנה בזי לא שבקן לן למבניה חזי בעלי

זי

23 טבתך ורחמיך תנה במצרין אגרה מנך ישתלח עליהֹם על אגורא זי יהו אלהא

24 למבניה ביב בירתא לקבל זי בנה הוה קדמין ומנחתא ולבונתא ועלותא יקרבון

25 על מדבחא זי יהו אלהא בשמך ונצלה עליך בכל עדן אנחנה ונשין ובנין ויהודיא

26 כל זי תנה הן כן עבדו עד זי אגורא זך יתבנה וצדקה יהוה לך קדם יהו אלה

27 שמיא מן גבר זי יקרב לה עלוה ודבחן דמן כדמי כסף כנכרין זלף ועל זהב על זנה

28 בשמן

29 שלחן הודען אף כלא מליא באגרה חדה שלחן על דליה ושלמיה בני סנאבלט פת שמרין

כלא

30 אף בזנה זי עביד לן ארשם לא ידע ב . למרחשון שנת ר //// דריהוש [מ]לכא

# I.
## Übersetzung.

1. An unsern Herrn Bagohi, den Statthalter von Judäa.
Deine Knechte, Jedonjäh und seine Genossen, die Priester in der Festung Jeb.
### Heil

2. möge Unser Herr der Gott des Himmels [dir] gewähren reichlich zu jeder Zeit und möge dich zu Gnaden empfehlen vor König Darius

3. und den Söhnen des (königlichen) Hauses mehr als jetzt noch eintausendmal, und langes Leben möge er dir geben. Sei erfreut und fest zu jeder Zeit.

4. Nunmehr sprechen deine Knechte Jedonjäh und seine Genossen also: Im Monat Tammûz im Jahre 14 des Königs Darius, als Aršâm (ΑΡϹΑΜΗϹ)

5. fortgezogen und zum König gegangen war, [machten] die Priester des Gottes Ḥnûb in der Festung Jeb mit Waïdrang, der hier Gouverneur war, eine geheime Vereinbarung (?) folgender Art:

6. »Den Tempel des Gottes Jâhû in der Festung Jeb sollen sie (soll man) von dort entfernen.«
Darauf schickte jener Waïdrang

7. בּחיא (?) Briefe an seinen Sohn Nephâjân, welcher Heeresoberst in der Festung Syene war, folgenden Inhalts:
»Den Tempel in der Festung

8. Jeb sollen sie (soll man) zerstören.«
Darauf führte Nephâjân Ägypter herbei samt anderem Kriegsvolk: sie kamen nach der Festung Jeb samt דליהם (?).

9. drangen ein in jenen Tempel, zerstörten ihn bis auf den Boden. Und die steinernen Säulen, die dort waren, zerbrachen sie. Auch geschah es, die

10. fünf steinernen Türen, gebaut aus behauenem Steinblock, welche in jenem Tempel waren, zerstörten sie, und ihre Köpfe (?) קמרי (?), und ihre Angeln

11. in Marmorplatten (?), jene aus Erz, und die Bedachung, ganz aus Zedernbalken bestehend, samt der Gipsverkleidung (?) der Mauer (? des Vorhofs?) und andres, was dort

12. war, alles haben sie mit Feuer verbrannt. Und die Opferschalen aus Gold und Silber und die Sachen, was (alles) da war in jenem Tempel, alles haben sie genommen

Z. 13/14. Historischer Rückblick.

13. und sich angeeignet. Und seit (bereits in) den Tagen der Könige (!) von Ägypten haben unsre Väter jenen Tempel in der Festung Jeb gebaut. Und als Kambyses Ägypten betrat,

14. fand er jenen Tempel gebaut vor, aber die Tempel der Götter Ägyptens riß man alle nieder, dagegen in jenem Tempel hat niemand irgend etwas verdorben.

Z. 15—17. Trauriger Zustand der jüdischen Gemeinde. Vernichtung ihrer Feinde (?).

15. Und nachdem sie (Waidrang und die Ḫnûbpriester) also getan hatten, trugen wir samt unsern Frauen und Kindern Trauerkleider, fasteten und beteten zu Jâhû, dem Herrn des Himmels,

16. der uns (alsdann? später?) Kenntnis gegeben hat von jenem Waidrang כלבא (?). Sie haben (man hat) die Fußkette von seinen Füßen entfernt, und alle Schätze, die er erworben hatte, sind zu Grunde gegangen. Und alle Menschen,

Z. 17—19. Frühere Korrespondenz derselben Sache.

17. welche jenem Tempel Böses gewünscht hatten, alle sind getötet, und wir haben es zu unserer Genugtuung mit angesehn.

Auch früher, zur Zeit als dies Unheil uns zugefügt worden war, haben wir (schon einmal) einen Brief geschickt (an) unsern Herrn (Bagohi) sowie an Jehôḥânân, den Oberpriester, und seine Genossen, die Priester in Jerusalem und an seinen Bruder Ostan (Ὀϲτάνηϲ),

Z. 19—22. Trauriger Zustand der jüdischen Gemeinde.

19. d. i. ʿAnânî und die Freien (principes) der Juden. Einen Brief (Antwort) haben sie uns nicht geschickt.

Auch seit dem Tammûztage des Jahres 14 des Königs Darius

20. und bis auf diesen Tag tragen wir Trauerkleider und fasten, unsre Frauen sind geworden wie eine Witwe, wir haben uns nicht (mehr) mit Öl gesalbt

21. noch Wein getrunken. Auch haben sie seit damals und bis auf den (heutigen) Tag des Jahres 17 des Königs Darius Speiseopfer, Weihrauchopfer und Brandopfer

Z. 22—25. Bitte an den Adressaten um Erwirkung der Erlaubnis zum Wiederaufbau des Gotteshauses.

22. nicht mehr gemacht (dargebracht) in jenem Tempel.

Nunmehr sprechen deine Knechte, Jedonjâh und seine Genossen, und die Juden, alle Bürger von Jeb, also:

23. »Wenn es userm Herrn (dir) gefällt, mögest du auf jenen Tempel bedacht sein, ihn wieder aufzubauen, da man uns nicht erlaubt, ihn wieder aufzubauen. Und wende dich an (*wörtlich*: sich) die Empfänger

24. deiner Wohltaten und Gnaden, welche hier in Ägypten sind. Ein Brief möge von dir an sie geschickt werden in betreff des Tempels des Gottes Jâhû,

25. ihn wieder aufzubauen in der Festung Jeb ebenso wie er früher gebaut war. Und Speiseopfer und Weihrauchopfer und Brandopfer werden sie darbringen

*Z. 25—28. Wie die Petenten dem Adressaten für seine Hilfe danken wollen.*

26. auf dem Altar des Gottes Jâhû in deinem Namen. Und wir werden beten für dich zu jeder Zeit, wir und unsre Frauen und unsre Kinder und die Juden

27. insgesamt, die hier sind, wenn sie (man) also getan haben werden (wird), bis daß jener Tempel wieder aufgebaut wird.

Und ein Anteil soll dir zukommen vor Jâhû dem Gott

28. des Himmels von jedem, der ihm darbringt ein Brandopfer und Schlachtopfer, ein Wert gleich dem Wert eines Silbersekels für 1000 כסף (?). Und über das Gold, darüber

*Z. 28—29. Erwähnung eines Briefes in gleicher Sache an die Söhne des Sanaballaṭ.*

29. haben wir Botschaft geschickt und Kenntnis gegeben. Auch haben wir insgesamt über die Angelegenheiten in einem Briefe in unserm Namen dem Delâjâh und dem Schelemjâh, den Söhnen des Sanaballaṭ, des Statthalters von Samaria, Nachricht gegeben.

30. Auch hat Arsames von alldem, was uns angetan worden ist, keine Kenntnis gehabt.

*Z. 30. Schlußnotiz und Datum.*

Am 20. Marcheschwan im Jahre 17 des Königs Darius.«

Ein günstiges Schicksal hat es gefügt, daß diese Urkunde noch in einem zweiten Exemplar zwar nicht vollständig, aber doch zum größten Teil erhalten ist. Es fehlt der Anfang und das linksseitige Ende aller Zeilen. Dieser Text II bietet gegenüber dem Texte I einige Varianten, die zum Teil recht lehrreich sind.

# Urkunde II.

(Ein Faksimile wird später veröffentlicht werden.)

ריוהוש        (ישי) מ(נד)        (עד)ן

ינתן לך יתדה ושריר הוי בכל עדן כעת עב|ד|ך ידניה

3 שנת ר ////\ דריוהוש מלכא כזר ארשם נפק ואזל . . מלבא

ביתא כסף וכסין יהבי לוידרנג פרתרכא זי תנה הוה ל

אחר

5 יהעדו מן זמה וידרנג זך לחיא אגרת שלח על :[פין] ברה ז

6 זי יהו אלהא זי ביב בירתא ינדשו אחר נפ[י]ן דבר מצ

7 זנדהום עלו באגורא זד נדטוהי עד ארעא ועמודיא זי א

8 תרען רברבן ////// בנין פסלה זי אבן זי הוי ב[אגו]רא זך

9 אלך נחש ומכלל (?)ומטליל אגורא זד כלא עקחן ז[י] ארז עב ש

באשתא שרפו ומזרקיא זי זהבא רזי כספא ומ[נד][עמחא

עבדו ומן יומי מלכי מצרין אבהין בנו אגורא זד ביב

זד בנה השבח ואגורי אלה[י] מצריא [ס]ל .       ואיש מז

13 עביד אנחנה עם נשין ובנין שקקן לבשן הוין צ׳

14 חוינא בוידרנג זד כלביא חנפקו כבלוהי מן רגלוהי וכ

15 בעה באיש לאגורא זד כלא קטילו וחזין בהים אך

16 לן אגרה על זנה שלחן שלחן על מראן [אף] על יהוחנן

17 ועל אוסתן אחוהי זי ענני וחרי יהודיא אג[רה] חדה

18 שנת ר ////\ דריוהש מלכא ועד זנה יומא אנחנה שקק

19 משח לא משחן וחמר לא שתין א[ף] מ[ן] זד י[ו]ס ועד

20 מנחה לבונה ועלוה לא עבדו באגורא זד כען

ויהודיא כלא בעלי יב כן אמרן הן על מר[א]ן טב את

<sub>22</sub> שבקן לן למבניה חזי בעלי טבתך ורחמיך זי תחה

<sub>23</sub> על אגורא זי יהו אלהא למבניה ביב בירחא לקבל

<sub>24</sub> ועלותא נקרב על מדבהא זי יהו אלהא בשמך ונצ

<sub>25</sub> ויהודיא כלא זי חנה הן כן תעבד זי עד אגורא זך יתב

<sub>26</sub> שמיא מן גבר זי יקרב לה עלוה ודבחן דמי כסף כברן אלף על

מליא אגרה חדה בשמן שלחן על דליה ושלמיה ב

<sub>28</sub> כלא זי עביד לן ארשם לא ידע ב XX ב למרחשון שנת ר ////

## II.

## Übersetzung.

1.                                            Darius

2.          gebe dir. Sei erfreut und fest zu jeder Zeit. Nunmehr dein Knecht Jedonjâh

3. im Jahre 14 des Königs Darius, als Arsames fortgezogen und zum König gegangen war

4. der Festung, gaben sie Geld und Schätze dem Waidrang dem Gouverneur, welcher hier war

5. sie sollen entfernen von dort. Darauf jener Waidrang לחיא schickte Briefe an seinen Sohn Nephâjân, welcher

6. des Gottes Jâhû in der Festung Jeb sollen sie zerstören. Darauf führte Nephâjân Ägypter herbei

7. (samt) זנרהום (?), sie drangen ein in jenen Tempel, zerstörten ihn bis auf den Boden. Und die steinernen Säulen

8. fünf große Türen, gebaut aus behauenem Steinblock, welche in jenem Tempel waren

9. jene aus Erz, und die Bedachung jenes Tempels, ganz aus Zedernbalken bestehend, samt

10. haben sie mit Feuer verbrannt. Und die Opferschalen aus Gold und Silber und die Sachen

11. sich angeeignet. Und seit (bereits in) den Tagen der Könige Ägyptens haben unsre Väter jenen Tempel in der Festung Jeb gebaut

12. jenen (Tempel) fand er gebaut vor. Aber die Tempel der Götter Ägyptens alle          dagegen niemand irgend etwas

13. getan war, trugen wir samt unsern Frauen und Kindern Trauerkleider, fasteten

14. uns Kenntnis gegeben hat von jenem Waidrang כלביא. Sie haben seine Fußketten von seinen Füßen entfernt, und alle

15. (welcher) jenem Tempel Böses gewünscht hat, alle sind getötet, und wir haben es zu unserer Befriedigung mit angesehn. Auch

16. uns (zugefügt wurde), haben wir einen Brief geschickt hierüber an unserm Herrn sowie auch an Jehôḥânân

17. und an Ostan seinen Bruder, d. i. 'Anânî, und die Freien der Juden. Einen Brief

18. im Jahre 14 des Königs Darius. Und bis auf diesen Tag (tragen) wir Trauerkleider

19. wir haben uns nicht (mehr) mit Öl gesalbt noch Wein getrunken. Auch seit jenem Tage und bis

20. Speiseopfer und Weihrauchopfer und Brandopfer haben sie nicht gemacht in jenem Tempel. Nunmehr

21. und die Juden, alle Bürger von Jeb, sprechen also: Wenn es unserm Herrn gefällt, mögest du bedacht sein

22. (nicht) uns erlaubt es wieder aufzubauen. Wende dich an die Empfänger deiner Wohltaten und Gnaden, welche hier

23. in Betreff des Tempels des Gottes Jâhû, ihn wieder aufzubauen in der Festung Jeb ebenso wie

24. und Brandopfer werden wir darbringen auf dem Altar des Gottes Jâhû in deinem Namen, und wir werden beten

25. und die Juden insgesamt, die hier sind, wenn du also tust, bis daß jenes Altarhaus wieder aufgebaut wird

26. (Gott) des Himmels von jedem, der ihm darbringt ein Brandopfer und Schlachtopfer, den Wert eines Silber(-Sekels) für tausend ככר (?). Über

27. die Nachrichten einen Brief in unserm Namen haben wir geschickt an Delâjâh und Schelemjâh, die Söhne

28. alles, was uns angetan worden ist, hat Arsames nicht gewußt. Am 20. Marcheschwan im Jahre 10 + 3 + .

# Anmerkungen.

Einige Zentimeter oberhalb der ersten Zeile von אל מראן bis ידניה zeigt der Papyrus I dunkle Spuren wie von verwischter Schrift. Ob hier wirklich Schrift vorhanden war, z. B. eine Art Adresse, oder ob bei dem Zusammenfalten der Urkunde diese Spuren als Abdruck einer anderweitigen Textstelle entstanden sind, weiß ich nicht zu entscheiden und verzichte zur Zeit auf einen Versuch der Lesung.

### Zeile 1.

Der Adressat ist Bagôhî oder Begôhî, der Statthalter von Jehûd. Ihm steht gegenüber in Zeile 29 Sanaballaṭ, der Statthalter von Samaria. Jehûd bezeichnet also das Gebiet des von Nehemiah, einem Amtsvorgänger des Bagôhî, im Rahmen einer Provinz des Perserreichs reorganisierten jüdischen Staatswesens. d. i. Judäa; vgl. Ed. Meyer, Die Entstehung des Judentums, Halle 1896, S. 105—108 (der Umfang des jüdischen Gebiets).

Wenn einerseits in dieser Urkunde ein Bagôhî Statthalter von Judäa und ein Oberpriester Jehôḥânân in Jerusalem (Z. 18), andrerseits bei Josephus ein Oberpriester Ἰωάννης in Jerusalem und ein persischer Beamter namens Βαγώας oder Βαγώσης, der in Jerusalem mit den Funktionen eines Statthalters auftritt, als gleichzeitige Menschen erscheinen, so dürfen wir getrost diese beiden Menschenpaare miteinander identifizieren. Josephus erzählt in den Antiquitates Judaicae XI, 7, ed Niese III. S. 60, der Oberpriester Johannes habe im Tempel seinen Bruder Jesus erstochen, da dieser, gestützt auf die Gunst des Bagoas, ihm das Oberpriesteramt habe streitig machen wollen. Bagoas sei nach der Mordtat trotz des Protestes der Juden in den Tempel eingedrungen und habe dem Tempel eine Strafsteuer auferlegt, 50 Drachmen für jedes im Tempel dargebrachte Opferlamm. Und diese Strafsteuer sei sieben Jahre lang entrichtet worden; vgl. B. Stade, Geschichte des Volkes Israel II, S. 195. 196. Der Oberpriester Johannes scheint auch noch, und trotz seiner Bluttat, bis an sein Lebensende in Amt und Würden geblieben zu sein. Ich schließe dies aus den folgenden Worten des Josephus XI, 7, 302: ΚΑΤΑCΤΡΕΨΑΝΤΟC ΔΕ ΤΟΥ ἸΩΆΝΝΟΥ ΤῸΝ ΒΊΟΝ ΔΙΑΔΈΧΕΤΑΙ ΤῊΝ ἈΡΧΙΕΡΩCΎΝΗΝ ὁ ΥἹὸC ΑΥΤΟΥ ἸΑΔΔΟΥC.

Der Name des persischen Beamten ist Βαγῶας oder nach andrer Lesart Βαγῶсhс. Er wird bezeichnet als ὁ στρατηγὸς τοῦ Ἀρταξέρξου, an einer Stelle mit der Variante τοῦ ἄλλου Ἀρταξέρξου (s. die Varietas lectionum bei N i e s e S. 60. 61). Der semitische Titel eines Statthalters im Achämenidenreich פחה wird griechisch durch ἔπαρχος oder στρατηγὸς (wie hier) wiedergegeben; vgl. Ed. M e y e r, a. a. O. S. 31 Anm. 3. Der erste Artaxerxes, d. i. Longimanus, regierte von 464 bis 424. der zweite, Mnemon, von 404 bis 358. Da nun unsre Papyrusurkunde im Jahre 408/407 (s. weiter unten zu Z. 2) geschrieben ist, so nehme ich an, daß bei Josephus Artaxerxes II. gemeint ist, und daß der persische Statthalter von Judäa, Bagoas, dieses sein Amt nicht bloß unter Darius II. Nothus (424—404), sondern auch noch unter seinem Nachfolger Artaxerxes II. bekleidet hat.

Wenn danach, wie Josephus berichtet, der Brudermord im Tempel während der Regierung des Artaxerxes II., d. h. nach 404, stattgefunden hat, so harmoniert das sehr wohl mit dem Inhalt unsrer Urkunde. Die jüdische Gemeinde in Elephantine bittet Bagoas um Hilfe, und erwähnt in demselben Schreiben, daß sie auch den Oberpriester Jehôḥānān in Jerusalem um Hilfe gebeten habe. Das würde sie doch wohl kaum getan haben, hätte sie gewußt, daß der Tempel des Jehôḥānān wegen des von ihm daselbst begangenen Mordes von Bagoas mit schwerer Geldstrafe belegt worden war und daß der erschlagene Bruder sich der Gunst des Bagoas zu erfreuen gehabt hatte, also doch ein Gegensatz zwischen Jehôḥānān und Bagoas angenommen werden mußte.

Über den Namen Bagoas verweise ich auf F. J u s t i, Iranisches Namenbuch S. 59. 60. Der Bagoas unsrer Urkunde ist natürlich von demjenigen Träger dieses Namens, der unter Artaxerxes III. Ochus (358—338) eine Rolle spielte und unter Darius III. (336–330) zugrunde ging, zu trennen. Ob dieser Name mit B i g w a i, dem Namen des Oberhauptes eines aus der babylonischen Gefangenschaft zurückkehrenden jüdischen Clans, identisch ist, wüßte ich nicht zu entscheiden: man muß aber beachten, daß die Zeichen בגוי anstatt nach der üblichen masorethischen Weise auch B a g ô i gesprochen werden können, und diese Form kommt der Form unsres Papyrus Bagôhî בגוהי sehr nahe: vgl. über diesen Namen Ed. M e y e r, a. a. O. S. 142. Was den Ursprung des Wortes Bagôhî. Bagoas betrifft, so verweise ich auf N ö l d e k e, Persische Studien I S. 412, der in dem Namen ein von einem Βαγαπάτης, Βαγοράζης oder dgl. abgeleitetes Hypokoristikon erkennt.

Wir dürfen demnach in בגוהי den ältesten sicheren Beleg für eine charakteristische Namensform haben, welche in späteren sassanidischen und früharabischen Zeiten außerordentlich häufig vorkommt und noch in der Gegenwart fortlebt. Was aber auch das Etymon des Namens[1] sein mag, sicher ist, daß der Name Bagoas bei Josephus und Bagôhi in unsrem Papyrus eine und dieselbe Person bezeichnen.

Als der Chef der jüdischen Gemeinde erscheint ein Mann des aus den Oxforder Papyri bekannten Namens Jedonjâh[2], als dessen Abkürzung ich den bei Nehemia 3, 7 vorkommenden Namen יָדִין ansehe. Letzterer ist identisch mit dem Imperfekt in Genesis 6, 3 in dem von den alten Übersetzern gegebenen Sinne bleiben, dauern. Also: Jâhû bleibt, dauert. Für die Vokalaussprache des Namens kann man meines Wissens nur das biblische יְכָנְיָה zum Vergleich heranziehen, vorausgesetzt, daß derselbe als יָכִין יָה (יָכִין?) zu erklären ist. In einem Berliner, noch nicht publizierten Papyrus IX, 9 (vorläufige Bezeichnung) findet sich auch die Schreibung mit ידניה. Der biblische Name יָדִין begegnet in einem andern Papyrus V, 3 in der Form ידן. Von den verschiedenen Trägern dieses Namens (s. den Index bei Sayce-Cowley) werden in der Oxford-Kairiner Urkunde J vom Jahre 417, in welcher derselbe Waidrang erwähnt ist, der in unserm Papyrus vorkommt, drei angeführt, Jedonjâh Ben Hosea, J. Ben Nathan und J. Ben Meschullam. Da aber der zweite von ihnen in K (vom Jahre 411) speziell als Aramäer von Syene, nicht von Elephantine, bezeichnet ist, dürfte es am nächsten liegen, für den Verfasser unsrer Urkunde entweder Jedonjâh Ben Hosea oder J. Ben Meschullam in Anspruch zu nehmen.

### Zeile 2.

Meine Übersetzung faßt die Worte von שלם bis בכל עדן zu einer Satzeinheit zusammen. Störend ist das Fehlen eines auf den Angeredeten bezüglichen Pronominalausdrucks, und fast möchte man annehmen, daß anstatt ישאל zu lesen ist[3] ישאלנך oder vielmehr יהשאלנך, denn im Imperfekt

---

[1] Wenn freilich Βαγώσης (Variante in den Josephushandschriften) die richtige Lesung ist, muß man sich für diese Namensform nach einer andern Erklärung umsehen.

[2] Ein Geschûrâer Jedonjâh war bereits aus dem CIS. II. 1, Nr. 138, 3 bekannt.

[3] Etwa anzunehmen, daß das Suffix in ישאלנך ein in ישאל fehlendes Suffix ersetzen könne, erscheint mir zu gekünstelt.

des Hafel wird das ה bewahrt wie in יהעדו Z. 6. Die von mir für ein השאל angenommene Bedeutung verleihen, geben ist im Aramäischen nicht nachweisbar[1], aber im Hebräischen bekannt. Vgl. 1. Sam. 1, 28: וגם אנכי השאלתיהי ליהוה. Aus dieser Bedeutung wird sich die später gebräuchliche jemand etwas leihen entwickelt haben. Will man anders konstruieren, als ich getan, und z. B. שלם außerhalb der Verbindung lassen, so wird man kaum umhin können, ישאל als irgendeine Art Passivum zu lesen. Was man erwartet an dieser Stelle, ist: »deine Knechte bitten ihren Gott um viel Heil und Segen für dich zu aller Zeit«; dieser einfache Sinn ist aber aus den vorhandenen Worten nicht zu entnehmen. Vielleicht haben sich die Verfasser in der etwas geschraubten Weise, wie sie meine Übersetzung wiedergibt, ausgedrückt, um im folgenden Satze ולרחמן ישימנך mit demselben Subjekt fortfahren zu können. Die optativische Bedeutung des Imperfekts liegt wie hier in ישאל, so in ישימנך[2] und in ישתלה Z. 24 »möge geschickt werden« vor.

Dem Ausdruck זגר ישימנך »jemand setzen zu Gnaden vor jemand« steht im Hebräischen die Redeweise »jemand geben zu Gnaden vor jemand« gegenüber. Vgl. Nehemia 1, 11: ותנהי לרחמים לפני האיש הזה und 1. Kön. 8, 50; Psalm 106, 46; 2. Chron. 30, 9; Dan. 1, 9. Zu dem Ausdruck לרחמן קדם vgl. Dan. 2, 18: רחמין מן קדם אלה שמיא.

Die Orthographie der männlichen Pluralendung schwankt; bald wird das lange *i* durch     bezeichnet, bald nicht. Man vergleiche folgende Schreibungen:

אמרן I, 4; II, 21.

הרען I, 9; II, 7.

לבשן I, 15. 20; II, 12.

שקקן I, 15. 20; II, 12.

שובקן I, 23; II, 22.

אחרין II, 8.

רברבן II, 27.

---

[1] Doch beachte ... משאלה im CIS. 1, 1, S. 173. Nr. 151, 4. Wenn es wirklich res mutua bedeutet, hätten wir hier eine Ableitung von השאל (vom Part. Pass. מרשאל?) ohne ה wie das ישאל unsres Papyrus.

[2] Ein verwandtes Suffix in יתקלוהי CIS. II, 1 S. 150, 6; אשלמנהי bei Sayce-Cowley L 3. 5. 10. Daneben תנינה das. E 8.

Diesen Beispielen stehen Pleneschreibungen gegenüber in

צימין‎ I, 15. 20.

כסין‎ I, 16.

גברין‎ I, 16.

עבידין‎ I, 20.

אמרין‎ I, 22.

Im Wortinnern pflegt langes *i* durch    bezeichnet zu werden, aber auch dies nicht ohne Ausnahme. So steht dem פסילה‎ in I, 10 פסלה‎ in II, 7 gegenüber.

Daß der hier sowie in Z. 4, 21 und 30 genannte König Darius Darius II. Nothus (424—405) ist, entnehme ich der überzeugenden Darlegung von J. Euting, a. a. O. S. 2—4. Das Datum unsrer Urkunde, das 17. Jahr des Darius, entspricht daher dem Jahre 408/407 v. Chr. G., und das Jahr 14 des Darius, in dem diejenigen Ereignisse spielten, welche die Veranlassung zu dieser Bittschrift gaben, dem Jahre 411/410 v. Chr. G. Der Königsname wird bald דרייהש‎, דריוהש‎, bald דריהש‎ geschrieben.

## Zeile 3.

Unter den Söhnen des Hauses sind natürlich die Söhne des Königlichen Hauses zu verstehen. Man kann hiermit den Ausdruck מלכא ובניהי‎ bei Esra 6, 10; 7, 23 vergleichen sowie die Erwähnung der Kinder neben dem König und der Königin in den griechischen Ptolemäerinschriften. Vgl. z. B. den Anfang der Inschrift bei Dittenberger, Orientis Graeci inscriptiones selectae vol. I, 111, S. 190: Βασιλεῖ Πτολεμαίωι καὶ βασιλίσσηι Κλεοπάτραι τῆι ἀδελφῆι θεοῖς Φιλομήτορσι καὶ τοῖς τούτων τέκνοις. Die Einzelheiten der Anrede sind vermutlich durch ägyptische Muster beeinflußt. Der Ausdruck חרה ושריר‎ erfreut und fest ist übrigens bereits aus dem CIS. II, I Nr. 144, 2 bekannt. Den Imperativ הוי‎    daselbst Nr. 141, 3.

## Zeile 4.

Anstatt כען‎ nun, jetzt liest II. 2 כעת‎.

Der hier genannte ארשם‎ Arsàmes ist möglicherweise identisch mit dem von Ktesias genannten Ἀρξάνης, der Statthalter von Ägypten war, als Darius II. den Thron bestieg. Vgl. Clermont-Ganneau, Recueil VI, S. 230. Er erscheint hier und in Z. 30 ohne Titel, während er bei Euting als מראן‎ Unser Herr bezeichnet wird. Er verließ das Land und zog an den Hof des Großkönigs. Seine Abwesenheit benutzten die Chnumpriester in Elephantine, seine Unterbeamten zu bestechen und mit ihrer Hilfe den Tempel der jüdischen Gemeinde zu zerstören. Eine Reaktion ließ nicht lange auf sich warten; denn Z. 16 und 17 berichten, daß alle Feinde der Juden um die Früchte ihres Raubes gekommen und samt und sonders vor ihren Augen getötet worden sind. Welcher Art diese Reaktion war und durch wen sie bewirkt worden, verschweigt unsre Urkunde. Wir dürfen annehmen, daß Arsames nach Ägypten zurückgekehrt ist: denn wenn ich die Urkunde III recht verstehe, war Arsames in Ägypten, als eine Antwort auf diese Bittschrift aus Palästina in Elephantine einging. Die Urkunde I gedenkt des Arsames noch einmal ganz abrupt in der letzten Zeile mit der Bemerkung, daß er von all dem Unheil, das der Gemeinde widerfahren sei, keine Kenntnis gehabt habe, wodurch die Bittsteller, welche einen persischen Statthalter um Hilfe bitten. verhüten wollen, daß sie nicht als solche angesehen werden, welche sich über einen andern persischen Statthalter, also *seinen Kollegen*, beklagen. Die Reaktion muß vor 408/407, dem Datum unsrer Urkunde. eingetreten sein. Wenn nun auch die Missetäter bestraft waren, so waren die Folgen ihres Tuns doch noch nicht wieder gut gemacht. Das Gotteshaus lag in Trümmern, die Gemeinde konnte nicht an geweihter Stätte ihren Kultus verrichten, und man erlaubte ihr nicht, dasselbe wieder aufzubauen. Wer diese neuen Gegner waren, wird nicht angedeutet. In dieser Not wenden sie sich nun an Bagoas und bitten ihn, durch Vermittlung seiner Freunde in Ägypten ihnen die Möglichkeit zum Wiederaufbau ihres Gotteshauses zu verschaffen.

Daß die Politik der Achämeniden den Juden günstig war, wird durch diese Urkunde von neuem dargetan. Cyrus hatte ihnen die Erlaubnis zur Rückkehr gegeben. Unter Kambyses wurden die Tempel Ägyptens zerstört, der jüdische Tempel in Elephantine geschont (Z. 14). Unter der persischen Herrschaft in Ägypten hatte sich die dortige Gemeinde ein prächtiges Gotteshaus bauen und unterhalten können. Nachdem der persische Statthalter das Land verlassen hat, bekommen die Feinde der Juden, ägyptische Priester und ihre Verbündeten, die Oberhand, zerstören und plündern ihr Gotteshaus. Und wiederum ist es ein Perser, an den sie sich mit der Bitte um Hilfe wenden, der persische Statthalter von Judäa, nachdem der Oberpriester ihrer eignen Nation und Religion in Jerusalem. Jehôhânân, ihre Bitte unberücksichtigt gelassen hatte (Z. 19).

## Zeile 5.

Zu המוניה vermisse ich ein Verbum wie עבדו: »haben die Priester usw. המוניה mit Waidrang gemacht.« Wenn man Bedenken trägt, eine Lücke anzunehmen, so verweise ich auf Z. 18, wo ebenfalls eine Lücke vorliegt. Denn vor מראן muß על ergänzt werden, und in II, 16 ist auch dies על vorhanden. Das Wort המוניה (vgl. שירית Z. 11) ist in den bisher bekannten Sprachdenkmälern nicht nachzuweisen. Die Nominalendung ית weist nicht auf persischen, sondern auf semitischen Ursprung, auf eine Bildung wie hebräisches רֵאשִׁית, שְׁאֵרִית, חָפְשִׁית, בְּנִית u. a. (s. Olshausen, Lehrbuch der hebräischen Sprache S. 412), wie im Biblisch-Aramäischen אָחֲרִית in בְּאַחֲרִית יוֹמַיָּא, wie im Edessenischen ܡܒܿܒ̈ܘ̣ܬܐ, ܟܿܘ̣ܡܐ, ܙ̣ܘܢܿܝܬܐ u. a. (s. Nöldeke-Crichton, Syrische Grammatik § 137 und Barth, Nominalbildung § 252. 253). Verwandt ist jedenfalls das hebräische הָמִין. Der Zusammenhang erfordert für das Wort eine Bedeutung wie geheime Abmachung, Verschwörung (vielleicht ursprünglich onomatopoetisch Gesumme, Gezischel). Was in der Praxis diese המוניה mit Waidrang bedeutete, erfahren wir durch II. 4, wo es in demselben Zusammenhange heißt: Silber und Schätze haben sie dem Waidrang gegeben, ebenso wie bei Euting A 4.

Waidrang ist Gouverneur(?) in Elephantine, sein Sohn Nephâjân (Z. 7/8) Heeresoberster רב חיל in Syene. Es ist bemerkenswert, daß in der Oxford-Kairiner Urkunde J vom 8. Jahre des Darius Waidrang als רב חיל von Syene bezeichnet wird, während er in II 4 als רב חילא ohne Zusatz erscheint. In unsrer Urkunde ist die Situation so geschildert, daß Waidrang als פרתרך (ein persischer Magistrat ohne Militärmacht?) in Elephantine residierte und von dort aus seinen Sohn, den Heeresobersten in Syene, veranlaßte, mit dem nötigen Volk nach Elephantine zu kommen und den jüdischen Tempel zu zerstören.

Der Amtstitel פרתרך,פרתרכא ist außer hier, bei Euting A 4 und Sayce-Cowley II 4 nicht überliefert. Die von Andreas gegebene Erklärung *fratara-ka* hat große Wahrscheinlichkeit für sich (s. Lidzbarski, Ephemeris II, S. 213 Anm. 2). Den Namen וידרנג schreibe ich in Anlehnung an Sayce-Cowley Waidrang[1]. Die Zeichen können gelesen werden וידרנג, וירדנג, וירדנג und וידדנג, ich

---

[1] Die von Clermont-Ganneau und Andreas versuchte Kombination mit *Vidharnaka* halte ich deshalb für unzulässig, weil der Achämenidenzeit das *k*-Suffix noch nicht zu *g* geworden war, sondern erst mehrere Jahrhunderte später, nach Hübschmann, Persische Studien S. 239 erst in der älteren Sassaniden- oder letzten Partherzeit. Vgl. auch die von Nöldeke, Persische Studien I, 415—417, gegebenen Beispiele des Deminutivsuffixes.

gebe aber der Lesung וידרנג mit den genannten Herren den Vorzug. Ich empfehle folgenden Erklärungsversuch der Prüfung der Iranisten: Im Avesta findet sich der Ausdruck *çuptidareñga*, was Justi und Darmsteter als Geschwistermagen, Geschwisterkinder erklären, während Bartholomae im Altiranischen Wörterbuch das Wort durch Gaugenosse übersetzt. Wenn man in der Wortform *dareñga* eine Ableitung von der Wurzel *²dar* sehen darf (wie *darethra* = das Festhalten), kann man *rayu-dareñgha* deuten als an dem Luftgenius Vayu festhaltend, zu Vayu haltend, Vayugenosse, und von den Juden in Elephantine konnte dies Wort Waidereng, Wäidereng gesprochen werden. Welche Rolle dieser Luftgenius in der zoroastrischen Religion spielte, ist mir, abgesehen von dem, was aus den bei Justi und Bartholomae s. v. *vayao-*, *vaya-* angeführten Avestastellen hervorgeht, nicht bekannt. War er vielleicht der Genius des 22. Monatstages, der in späterer Zeit (bei Albêrûnî, The chronology of ancient nations S. 218) als *Bâdh*, d. i. Wind, bezeichnet wurde? In dem Falle könnte Vayu-dareñga einen Menschen bezeichnen, der an einem 22. Monatstage zur Welt gekommen war. Des weiteren siehe über Waidrang die Anmerkungen zu לחיא Z. 7 und כלביא Z. 16.

Der Sohn des Waidrang namens נפי begegnet hier zweimal. Ob das Wort ¹נפא bei Sayce-Cowley in II 4 (in dem Gerichtshof des נא vor ²דמדין dem Magistrat des Heeresobersten Waidrang) mit diesem נפי irgendwie zusammenhängt? Wie dies nun auch sein mag, wir stehen vor der Frage: Läßt sich das Wort נפי als ein persisches und als Eigenname erklären? — Eine Anknüpfung an die Wurzel *pâ*, *nipâtar Beschützer*, *nipdoñha Schutz* führt nicht zum Ziel. Ich bin vielmehr geneigt, auch in diesem Wort den Namen einer zoroastrischen Gottheit zu suchen. Diese Gottheit ist *napâo*, vollständig *apãm napâo*, und *napâo-yâna*, d. i. Gunstbeweis der Gottheit Napâo, Gnadengabe des Napâo, konnte sehr wohl semitisch durch נפי ausgedrückt werden, und נא Nephâ (s. oben) könnte eine Abkürzung für Nephâjân sein. Vgl. Justi, a. a. O. S. 166 und 246, Bartho-

---

¹ Das Wort נא findet sich auch in einem Papyrusfragment des Kairo-Museums (bei Sayce-Cowley S. 28, Nr. 13): שר. לארץ נא שש.

² Wenn dies Wort in der Form     ein persischer Eigenname ist, kann es gedeutet werden als *râmanô-daéna*, d. h. dem Gesetz des Genius Râman folgend. Râman ist ein andrer Name des Luftgenius Vayu. Siehe Justi, Handbuch der Zendsprache S. 256. Râm ist der Genius des 21. Monatstages Siehe Albêrûnî, Chronology of ancient nations S. 218. Eine ähnliche Lesung ist von Andreas vorgeschlagen (s. GGA. 1907, Nr. 3, S. 186 Anm.)

lomae, Altiranisches Wörterbuch s. v. *ap* sowie über den Genius Apām napaṭ Windischmann, Zoroastrische Studien S. 177—186. Ich nehme an, daß der Genius des 10. Monatstages Abân dem avestischen *apām napâṭ* entspricht. Wenn die von mir vorgeschlagenen Erklärungen der Namen Waidrang, Nephâjân und Râmanôdaêna (Ramandên?) sich als zutreffend erweisen sollten, geben sie einen wertvollen Hinweis auf ein Prinzip der altpersischen Namengebung. Il (Zoroastre) regarde les jours du mois comme des dieux, s. Theodorus Bar Kêwânai bei H. Pognon, Inscriptions Mandaïtes II, 164.

### Zeile 6.

Das Wort לב (auch in III. 2) identifiziere ich mit dem edessenischen ܠܒ. Inhaltlich deckt es sich mit dem in diesen Papyrusurkunden vorkommenden לאמר. Durch לב wird das Folgende von אגורא bis חמה als direkte Rede gekennzeichnet.

Das hier so oft vorkommende Wort אגורא ist bereits aus den Oxforder Urkunden E 14 vom Jahre 446 und J 5 vom Jahre 417 bekannt. Daß der אגורא von Jeb ein stattlicher Bau gewesen sein muß, ergibt die Beschreibung seiner Zerstörung in Z. 9—11. Er hatte fünf Tore aus Quaderstein, steinerne Säulen und ein Dach aus Zedernbalken. Ich übersetze das Wort mit Tempel auf Grund von Z. 14. Unter Kambyses wurden

אגורי אלהי מצרין,

d. i. die Tempel der Götter Ägyptens, niedergerissen, während dem Tempel אגורא der jüdischen Gemeinde in Elephantine niemand eine Unbill zufügte. In dem Papyrus III, von dem ich annehme, daß er sich auf den Wiederaufbau dieses Tempels bezieht, wird er in Z. 3 als בית מדבחא = Altarhaus bezeichnet. Dieser Tempel ist das Zentrum des Kults der Gemeinde von Elephantine; seitdem er zerstört ist, sind sie in großer Trauer und Not und können ihren Kultus nicht ausüben. Ihr ganzes Bestreben ist darauf gerichtet, ihn wieder aufzubauen, und überallhin wenden sie sich mit der Bitte, ihnen zu helfen für die Erlangung der Erlaubnis zum Wiederaufbau. Sie wollen beten für denjenigen, der ihnen dazu verhilft usw. Wenn man daher bedenkt, wie sehr dieser אגורא den Gegenstand der Trauer, des Schmerzes und der Sehnsucht dieser Menschen bildet, ist es schwer zu verstehen, wie in späten, nachchristlichen Jahrhunderten die Targumisten dazu gekommen sind, dasselbe Wort im Sinne von Götzenaltar zu gebrauchen. Sie müssen keine Ahnung mehr davon gehabt haben, was vor vielen Jahrhunderten der אגורא für ihre Glaubensgenossen an der Grenze Nubiens bedeutete. Ich füge hinzu. daß in den Targums die Schreibung איגירא gebraucht wird und daß Nöldeke in Z. A. XX, 131[1] das Wort mit dem babylonischen *êkur* kombiniert. Übrigens war der jüdische Tempel von Elephantine, der 411/410 auf Betreiben der Chnûmpriester zerstört wurde, damals bereits mehr als 115 Jahre alt; denn er war noch unter der Herrschaft der nationalen Könige Ägyptens, bevor Kambyses das Land eroberte. erbaut, also vor dem Jahre 525.

Die Juden in Elephantine nannten ihren Gott nicht יהוה. sondern יהו, wofür ich nach Vorgang der Assyrer die Aussprache Jâhû annehme. In welchem Verhältnis hierzu die alttestamentliche und moabitische Schreibung יהוה steht, mögen andre untersuchen. Über die griechische Aussprache 'Ιαω siehe W. Graf Baudissin, Studien zur semitischen Religionsgeschichte, Leipzig 1876, S. 181 ff.

Zu der Form יהבדו (ebenso II, 4) vgl. יהבדון Dan. 7, 26. Es finden sich Formen des Imperfekts 3. Pers. plur. masc. gen., die auf û und auf ûn auslauten: ידשו I, 8; II, 5 und daneben יקרבין I, 25; III, 9 und CIS. II, 1 S. 150, 3. Ob hier eine Scheidung zwischen Indikativ- und Jussivformen vorzunehmen ist, wird besser später, wenn mehr Material vorliegt, zu untersuchen sein. Vgl. aus andern Urkunden יאבדו Jerem. 10, 11; יִשְׁתֵּי Dan. 5, 10; יבהליך daselbst und ינסחוהי Têmäinschrift Z. 14: יאכלי CIS. II, 1 S. 137 B 3.

Das Wort אחר, als Adverbium = postea, posthac gebraucht wie im Hebräischen, ist in dem spätern Aramäisch nicht üblich. Vgl. außer dieser Stelle I, 8 und II, 5. 6 sowie den Index von Sayce-Cowley, CIS. II, 1 S. 151, 2 und die aramäische Inschrift aus Kappadozien bei Lidzbarski. Ephemeris I, S. 67 Z. 4.

## Zeile 7.

Das Wort להיא habe ich nicht gewagt, in meiner Übersetzung wiederzugeben, ebensowenig das Wort כלביא in Z. 16. Der Ausdruck וידרנג זד להיא findet sich in veränderter Reihenfolge

וידרנג לחיא זד

auch in III, 6. Hiermit ist zu vergleichen hier in Z. 16

בוידרנג זד כלביא

Amtstitel in den Wörtern לחיא und כלביא zu suchen. ist deswegen nicht ratsam, weil wir schon zwei Titel desselben Mannes kennen, פרתרך Z. 5

[Vorher P. Jensen, Kosmologie S. 506.]

und סין זי רב חילא bei Sayce-Cowley J 4. Es bleibt daher, kaum etwas andres übrig, als sie für Nisben[1] zu erklären, wenn es auch auf den ersten Blick befremdlich erscheinen muß, eine und dieselbe Persönlichkeit an der einen Stelle als להיא, d. i. als aus לח stammend, an der andern als aus כלב stammend zu bezeichnen. Diese Schwierigkeit würde nur dann verschwinden, wenn z. B. לח Name einer Ortschaft, כלב dagegen Name einer ganzen Gegend oder eines Stammes wäre. Ob es unter diesen Umständen zulässig ist, den Waidrang zu bezeichnen als den Mann aus Leḥi oder Râmat Leḥi (Richter 15, 9. 14. 19) und außerdem als den Mann vom Stamme Kaleb (כלביא = hebr. כָּלִבִּי)? Über die Kalibbiter vgl. Ed. Meyer, Die Entstehung des Judentums S. 114—119. Hiergegen wird man nun natürlich einwenden, daß wir oben (zu Z. 5) den Namen Waidrang als einen persischen zu deuten versucht haben. Gewiß, der Name ist in aller Wahrscheinlichkeit ein persischer, aber deshalb brauchte der Träger desselben noch kein Perser zu sein, wie in Z. 18. 19 der Bruder des Oberpriesters Jehôḥânân, der den gut jüdischen Namen ענני (Abkürzung für עֲנָיָה = Jâhû hat mich erhört) führt, zugleich mit dem persischen Namen אוסתן[2] Ὀϲτάνηϲ genannt wird.

Die Schwierigkeit der Deutung des Wortes כלביא (s. Anm. zu Z. 16) wird noch dadurch erhöht, daß es vielleicht gar nicht als Parallele zu להיא in Anspruch zu nehmen ist, sondern in irgendeiner unbekannten appellativischen Bedeutung als Subjekt zu dem folgenden הנפקן gezogen werden muß.

Zu dem Worte אגרת ist zu bemerken, daß man erwartet אגרה, d. i. einen Brief. Wenn das Wort nur an dieser Stelle überliefert wäre, würde ich empfehlen, אגרת in אגרה zu ändern. Da es aber ebenso in II, 5 geschrieben ist, darf man nicht mehr an einen Schreibfehler denken. Die Form אגרת bedeutet Briefe, und ist dadurch merkwürdig, daß sie uns zum erstenmal das Prototyp des in den späteren Formen des Aramäischen allein üblichen weiblichen Plurals auf ân in אגרן ـܐ݁ܓ݁ܪ݁ܳܢ (stat. emphat. ـܐ݁ܓ݁ܪ݁ܳܬ݁ܳܐ) gibt, entsprechend den hebräischen Formen auf ôth in אִגְּרֹת. Ein zweites Beispiel ist mir zur Zeit in den Papyrusurkunden nicht bekannt.

---

[1] Bei Nehemia wird den Namen seiner Feinde meist eine Nisbe beigefügt, so כבלי החרני 2. 10. 19; 13. 28. Ähnlich טביה העמוני und האשדדי, כשבי. Daß der Stat. emphaticus in diesen Nisben gebraucht werden kann, beweisen חירוא bei Sayce-Cowley D 23 und נשיריא im CIS. II, I Nr. 138, 3.

[2] Vermutlich identisch mit ישתן bei Sayce-Cowley F 13.

Die beiden Exemplare zeigen in dieser Zeile eine kleine Differenz. Den Worten אגירא זי ביב בירתא in I stehen in II, 6 die Worte [אגורא] זי יהו אלהא זי ביב בירתא gegenüber.

## Zeile 8.

Zu ינדשו hier sowie Z. 9 und 10 und II, 5 ist zu vergleichen Euting C 14 נדשו. Diese Wurzel ist bisher nicht bekannt; ihre Bedeutung ist angedeutet durch das יהעדו Z. 6 und ergibt sich im übrigen aus dem Zusammenhang. Da im folgenden von dem Bau, d. i. dem Wiederaufbau des Tempels die Rede ist, muß hier eine Schilderung seiner Zerstörung unter Raub und Plünderung gegeben sein. Die Wurzel נדש bedeutet zerstören und darf mit der hebräischen und aramäischen Wurzel נתש wie hebräisches נתז mit assyrischem נדן verglichen werden. Für die Bedeutung vgl. Psalm 9. 7: נְתַשְׁתָּ עָרִים. Das Objekt von נדש ist in Z. 8 und 9 der Tempel, in Z. 10 die Tore des Tempels.

Die Konstruktion הַיְלָא אָחְרָן, die Verbindung eines Singulars kollektiver Bedeutung mit einem Adjektiv im Plural ist beachtenswert. Wer hieran Anstoß nimmt, kann אחרן als جَل erklären oder in אחרן ändern.

Der Sinn des Wortes תליהם ist mir unbekannt. Das Suffix der 3. Pers. Plur. wird teils הם, teils הום geschrieben. Vgl.

     צירהם רשיהם I, 10.
    בהום I, 17.
    עליהום I, 24.
    לנפשהום I, 13.
    זניהום II, 7.

An letztgenannter Stelle steht dem תליהם in II זניהום gegenüber. Was man etwa erwartet, ist: »Sie kamen nach der Festung Jeb samt ihrem Anhang, drangen ein in den Tempel, zerstörten ihn bis auf den Boden« usw.; aber eine entsprechende Bedeutung kann ich für keines der beiden Wörter erweisen. Das hebräische ἅπαξ λεγόμενον תְּלִי Gen. 27, 3 = Köcher hilft nicht weiter, ebensowenig die bekannten Abteilungen von den Wurzeln תלה, תלל, זנה, זן, und آلَة Waffe kann nicht in Frage kommen.

## Zeile 9.

Das Verbalsuffix in נדשיהי und der Gebrauch von המו (auch CIS. II, 1 S. 152, 4 קטלת המו) ist hier wie im biblischen Aramäisch (vgl. Esra 5, 14

4*

וְהֵיבִיל הֲמֵי הֲנֵפֵק הֲמֵי). Die in dieser Urkunde vorkommenden Verbal-suffixe sind

הַשְׁכַּחֵה I, 14.

הַתִּיִין I, 16.

חַיִינָא II, 14.

וְשִׂימָךְ I, 2.

### Zeile 10.

Anstatt תִּרְעֵין זִי אֶבֶן hat II, 8 die Lesart תִּרְעֵין רַבְרְבָן »große Tore«. Die Konstruktion בְּנֵין mit folgendem Akkusativ (gebaut aus —) findet sich ebenso im biblischen Aramäisch. Vgl. Esra 5, 8: וְהִיא מִתְבְּנֵא אֶבֶן גְּלָל. An-statt פְּסִילֵה schreibt II, 8 (wohl fehlerhaft) פְּסֵלֵּה'.

Der Ausdruck יְדֵשִׁיהֹם קִימֹי ist mir unverständlich. Ist רֵשִׁיהֹם verschrieben für רַאשִׁיהֹם ihre Köpfe (?) wie לַמֵּמֵר III, 2 für לְמֵאמַר? Mit קִימֹי (sie haben aufgestellt) weiß ich nichts anzufangen. Dagegen ist wohl zweifellos, daß יְצִירֵיהֹם mit dem hebräischen צִיר Türangel kombiniert werden darf. Wenn ich den Ausdruck אָלֵךְ נְחָשׁ recht verstehe, waren die Türangeln aus Bronze.

### Zeile 11.

Der Ausdruck בְּשֵׁשַׁיָּא dürfte mit dem hebräischen שֵׁשׁ Marmor zu kombinieren sein. Also Marmorblöcke, Marmorplatten.

Zu מְטַלֵּל etwas Bedachendes vgl. den Aramaismus im hebräischen Text bei Nehem. 3, 15: יְטַלְלֶנּוּ und im Palmyrenischen טלל bedachen (Lidzbarski, Ephemeris II, S. 280 Z. 4). In II, 9 scheint auch die Lesung וּמְטַלִיל möglich zu sein.

Das עקהן זי אֶרֶז = hebräischem עֲצֵי אֲרָזִים Esra 3, 7. Anstatt וּמְטַלֵּל וּמְטַלֵּל אַגוֹרָא זִי כְלָא עקהן gibt II, 9 den Text אַרֶז עֵם עקהן זי אֶרֶז כְלָא עֵם Das Wort עקהן ist beachtenswert. In I steht anstatt des ן ein Klecks, aber in II ist das ן deutlich vorhanden. In der Form עַק = עֵץ ist es aus Sayce-Cowley (s. Index) bekannt. Wenn wir nun auf Grund dieser Stelle neben עַק eine Form עקה, im Plural עקהן annehmen müssen, so sind wir genötigt, eine Erweiterung der Wurzel um ein ה anzunehmen, und finden hier in diesem Aramäisch dieselben zwei Bildungen wie im Arabischen, عَضَة und عِضَاه. Vielleicht bedeutete עַק Holz, עקה Balken, Brett. Diese Wortformen sind neue Belege für die von mir bei der Erklärung der

Vgl. von derselben Wurzel מְעָקֶה Steinmetz im Nabatäischen CIS. II, 1, Nr. 229. 230).

Panammûinschrift an dem Beispiel מיקא שׁמשׁ nachgewiesene interdialektische wurzelhafte Konsonantenkorrespondenz:

ק im ältesten Aramäisch,

ע im mittleren Aramäisch,

צ im Hebräischen und

ض im Arabischen.

Siehe Ausgrabungen von Sendschirli I, Berlin 1893, S. 76[1] Ähnlich wie bei Jeremia 10,11 (ארקא neben ארעא) findet sich auch in den Urkunden aus Elephantine (hier עקהו neben ארעא Z. 9) ein Schwanken zwischen einer ältern und jüngern Lautstufe, worauf bereits Nöldeke ZA. XX, 137 hingewiesen hat.

Das Wort אֶשְׁרְנָא ist aus dem Biblisch-Aramäischen bekannt, aber sein Sinn noch immer nicht enträtselt[2]. Für das Wort שׁידה. das in dieser Form unbekannt ist, kann ich nur an das hebräische שׂיד = Kalk, Gips erinnern. Kann hier etwa an eine Täfelung der Mauer mit Gipsplatten, wie sie in den Palästen der Sargoniden üblich war, gedacht werden? Jedoch hier wird alles unsicher bleiben, solange man nicht weiß, was אשרנא bedeutet. Wenn meine Kombination mit שׂיד sich als zutreffend erweisen sollte, hätten wir in שׁידה eine ähnliche Abstraktbildung wie in המוניה (s. oben zu Z. 5).

## Zeile 12.

Anstatt באשׁה lies II, 10 באשׁתא.

וכסף ist vermutlich ein Schreibfehler für וכסף («Opferschalen aus Gold und Silber»). So ist auch in II, 10 überliefert: vgl. Nehemia 7, 70.

Der Plural מגדעמתא des aus den ägyptisch-aramäischen Urkunden längst bekannten מגדעם (vgl. z. B. CIS. II, I S. 144, 2) findet sich ebenso bei Euting C. 13.

---

Ich bin geneigt, das Mitanni *ḫiaruḫa* Gold, das P. Jensen, ZA. 5, 191 erkannt und zutreffend mit חרוץ und ܘܰܗ݂ܒܳܐ kombiniert hat, auch hierher ziehen, denn dürfen ein keilschriftliches *ḫiaruḫa* = חרוץ setzen.

Ich vermute, daß אשׁרן Vorhof bedeutet. Bei Esra 5, 3. 9 ist die Rede davon: den Tempel zu bauen und den אשׁרנא zu vollenden. Wenn *uššarnâ* etwas andres ist als der Tempel, das Haus, kann es nur der Vorhof sein. Denn nach Esra 3 wurde zuerst der Altar gebaut, dann der Tempel. Was dann noch zu machen war, war der Abschluß des Tempelbaues und eventuell der Vorhof mit der Mauer, welche das heilige Tempelgebiet einfriedigte.

Auffallend ist der Singular in זי הוד, wo man in späterer Zeit הסֿס‎
sagen würde. Vielleicht kann man aber זי nicht auf das vorhergehende
מנדעמהא beziehen und die Aufzählung der bei der Tempelzerstörung
geraubten Dinge übersetzen: »was alles in jenem Tempel vorhanden
war«. Es liegen aber einige in bezug auf den Gebrauch des gramma-
tischen Geschlechts auffallende Äußerungen vor, die hier erwähnt werden
mögen:

אגרה מנך ישתלח‎ I, 24.

Man erwartet תשתלח anstatt ישתלח‎.

צדקה יהוה לך‎ I, 27.

Hier יהוה anstatt תהוה‎.

בעדן זי זא באישתא עביד לן‎ I, 17. 18.

»Zur Zeit, als dies Urteil uns zugefügt wurde.« עביד anstatt
עבידת‎.

נשיא זילן כארמלה עבידין‎ I, 20,

wo man עבידת (s. Anmerkung zu I, 7 אגרה‎) erwartet.

Diese Ausdrucksweisen sind nach späterem Sprachgebrauch Fehler. Ob
sie hier als solche anzusehen sind, ob also die Verfasser der Urkunde
nicht genügend gebildet waren, ihre Muttersprache richtig zu schreiben,
oder ob in dieser alten Zeit der syntaktische Gebrauch ein andrer, freierer
gewesen ist, muß fraglich bleiben.


## Zeile 13.

Anstatt מלך מצרין steht, wie man erwartet, in II 11 מלכי מצרים‎. Unter
den Tagen der Könige Ägyptens verstehen die Schreiber der Urkunde
die Zeit, da Ägypten von ägyptischen, nicht von persischen Königen re-
giert wurde, die Zeit vor der Eroberung Ägyptens durch Kambyses im
Jahre 525. Der Name כנבוזי‎, altpersisch kaṁbujīya, babylonisch kam-bu-
zi-ia, findet sich ebenso in III, 5.


## Zeile 14.

Anstatt השכחה bietet II, 12 השכח ohne Suffix.

Zu מנדי ist das biblisch-aramäische יְמַגַּר Esra 6, 12 zu vergleichen.
Auch das Wort חַבֵּל wird hier ebenso gebraucht wie im biblischen Aramäisch; vgl. Esra 6, 12: לְחַבָּלָה בֵית־אֱלָהָא דֵךְ und Tēmā 13 (CIS. II, I S. 109).

Zeile 15.

Anstatt עבדו liest II, 13 עביד (»Und nachdem also getan worden war«), und anstatt וצימין ist dort [צי[מין ohne    überliefert.

Das Wort שקקן (s. hebräisches שׂק) ist eine Pluralform wie עֲמָמִין und خَيْشٌ im biblischen Aramäisch und im Edessenischen, wie im Hebräischen עֲמָמִים Neh. 9, 22. Zur Sache vgl. בְצֹם וּבְשַׂקִּים Neh. 9, 1.

Zeile 16.

Anstatt החירן ist in II, 14 חיינא (لَنَا) überliefert. Daß hier Hafel und Pael (vgl. auch יחיה CIS. II, I S. 168 BC I) nebeneinander erscheinen, entspricht auch dem biblisch-aramäischen Sprachgebrauch, während das Hafel im Edessenischen verloren gegangen ist. Merkwürdig ist, daß das Suffix der 1. Pers. Plur. hier in zwei verschiedenen Formen auftritt, einer ältern נא‍ und einer jüngern ן‍. Wenn die Überlieferung richtig ist, zeigt sich hier ein ähnliches Schwanken zwischen Älterem und Jüngerem auch im Formenwesen wie im Lautbestande das Schwanken zwischen ק und ע (arabisch ض) und zwischen ז und ד (s. zu Z. 28 ודבהן).

Wenn ich den Zusammenhang der Urkunde richtig verstehe, ist die Darstellung in Z. 16/17 (bis בהוב) in einer Weise sprunghaft, daß man fast eine Lücke (zwischen מרא שמים und זי ההירן) annehmen möchte. Diese Zeilen berichten zweifellos, mag auch im einzelnen einiges dunkel bleiben, über ein Strafgericht, das über die Feinde der jüdischen Gemeinde von Jeb gekommen ist. Waidrang ist gefallen und seine Leute sind zum Teil vor den Augen der Juden getötet, all ihre Schätze, die sie errafft hatten, sind ihnen verloren gegangen. Wie aber hat sich diese Katastrophe vollzogen? Ist etwa Arsames von seiner Reise an den Hof des Großkönigs zurückgekehrt (vgl. III, 3) und hat an den Unheilstiftern Vergeltung geübt? Oder wer kann es sonst gewesen sein, der die jüdische Gemeinde von ihrem Feinde befreite? — Über alle diese so wichtigen Dinge schweigt die Urkunde vollständig. Was man erwarten würde, ist etwa folgendes: »Nachdem man unsern Tempel zerstört hatte, waren wir in Not und Elend, fasteten und beteten zu dem Herrn des Himmels. Dann aber hat er Errettung geschickt, und darauf haben wir ihm gedankt, daß er uns von dem Verderben des Waidrang Kenntnis gegeben hat. Alle, die unserm Tempel Böses gewünscht haben, sind vor unsern Augen getötet.«

Die Errettung kann aber keine ganz vollständige gewesen sein, denn der Tempel der Gemeinde liegt noch zur Zeit der Abfassung dieser Urkunde 408 407 in Trümmern. Und auch müssen noch mächtige Feinde übriggeblieben sein, denn man (wer sind diese Leute?) gestattet ihnen nicht (s. Z. 23), ihren Tempel wieder aufzubauen. Und um die dazu erforderliche Erlaubnis zu gewinnen, schreibt nun die Gemeinde dies Bittgesuch an den persischen Statthalter von Judäa, um ihn um seine Fürsprache und Vermittlung bei seinen Freunden in Ägypten, die seine Güte und Gnade erfahren haben, zu bitten.

Anstatt כבלא gibt II, 14 כבלוהי. Der Sinn der Worte הנפקו כבלא מן רגלוהי ist mir völlig unklar; nur so viel dürfte gewiß sein, daß sie von einem Verderben, das den Waidrang getroffen hat, berichten. Oder ist etwa eine Fußkette, Fußspange (vielleicht aus Edelmetall) damals und dort ein Abzeichen einer Würde gewesen? — Die Unsicherheit wird noch durch das vorhergehende Wort כלביא (s. oben zu לחיא Z. 7) erhöht, da man doch auch mit der Möglichkeit rechnen muß, daß dies Wort das Subjekt zu dem folgenden הנפקו sein kann.

## Zeile 17.

Anstatt בעי bietet II, 15 בעה. Es hat also vorher nicht יכל גברין, sondern etwa וכל גבר gestanden.

Anstatt כל hat II, 7 כלא.

Das Wort קטילו ist eine Passivform wie מריטו Dan. 7, 4; פתיחו das. 7, 10; רמיו das. 3, 21 u. a.

Zu dem Ausdruck קדמת זנה vgl. Panammu 9 und Dan. 6, 11 מן־קדמת דנה.

Zu זא באישתא ist zu bemerken, daß das Demonstrativum dem Namen sowohl vorangehen wie folgen kann. Vgl. זנה יומא I, 20; dagegen אגורא זך I, 9; מדבחא זך III, 10.

## Zeile 18.

Über עביד, nicht עבידת, vgl. zu Z. 12 זי היה.

Vor מראן fehlt das Wort על. Dem Text in I אגרה שלחן מראן steht in II. 16 gegenüber אגרה על זנה שלחן על מראן.

Das doppelte שלחן ist vermutlich eine fehlerhafte Dittographie.

Der Hohepriester Jehôḥânân in Jerusalem ist Nehemia 12, 22 erwähnt und vermutlich auch das. 12, 11 anstatt Jonathan in den Text zu setzen. Vgl. Bertholet, Die Bücher Esra und Nehemia S. 85 und Ed. Meyer, a. a. O.

S. 103. Seine Zeit ist durch das Datum unsrer Urkunde einigermaßen fest-
gelegt; er muß jedenfalls etwas vor 408/407 im Amt gewesen sein. Daß einer
seiner Brüder namens Manasse Schwiegersohn des Statthalters von Samaria
war, wie Neh. 13, 28 erzählt, erscheint mir hier bemerkenswert, da Sanaballaṭ auch in dieser Urkunde Z. 29 erwähnt wird. Daß ein andrer Bruder
unsres Oberpriesters namens Jesu, der sich persischer Protektion erfreute,
von ihm im Tempel ermordet wurde, haben wir nach Josephus schon oben
zu Z. 1 erwähnt. Hier erscheint nun noch ein vierter Bruder, ὈϹΤΆΝΗϹ,
d. i. 'Anàni, also ein Mann, der ähnlich wie sein Bruder Jesu wohl Beziehungen zur persischen Herrschaft im Lande gehabt haben muß. Er ist
anderweitig nicht bekannt. Über seinen jüdischen Namen vgl. W. Roth-
stein, Die Genealogie des Königs Jojachin und seiner Nachkommen, Berlin
1902, S. 117. Sein persischer Name ὈϹΤΆΝΗϹ, hier Ûstân, ist identisch
mit demjenigen eines Statthalters von Babylon und Ebir-Nâri aus der
Zeit Darius' I. namens Uš-ta-an-ni, auf den in diesem Zusammenhange
meines Wissens zuerst Bruno Meißner hingewiesen hat. Siehe Peiser in
Schraders Keilinschriftlicher Bibliothek Bd. IV, S. 305. Daß derselbe Name
sich in der Form וֹשְׁתַן bei Sayce-Cowley H 13 findet, ist bereits oben
zu Z. 7 erwähnt.

Während ein Brüderpaar Jehôḥânân und 'Anàni in dieser Urkunde
erscheint, wird ein Brüderpaar derselben Namen Jehôḥânân und 'Anàni in
I. Chron. 3, 24 erwähnt, was auf den ersten Blick um so mehr auffällt,
als 'Anàni unter den Juden ein recht seltner Name gewesen zu sein scheint,
da er nur an dieser einzigen Stelle im Alten Testament vorkommt. Doch
ist dies Zusammentreffen nichts als ein Spiel des Zufalls, denn die beiden
Brüder der Chronik sind Nachkommen Davids, und die beiden Brüder unsres
Papyrus müssen Nachkommen von Aaron sein.

### Zeile 19.

Zu וְחֻרֵי יְהוּדִיא vgl. Nehemia 6, 17; 2, 16 und Ed. Meyer, a. a. O.
S. 132.

אגרה חדה ebenso in Esra 4, 8.

### Zeile 20.

Zu dem Ausdruck נשׁיא וגֹ עבידין ist schon oben zu Z. 12 bemerkt,
daß man anstatt עבידין einen weiblichen Plural erwartet. Unsre Frauen

sind gemacht wie zu einer Witwe, d. h. die Umstände haben sie in eine
Lage wie diejenige einer Witwe ܐܪܡܠܬܐ versetzt. Ich glaubte zuerst
anstatt משחן lesen zu sollen משחין, ziehe aber doch vor, an Stelle des
einen Tintenfleck anzunehmen.

Zu dem Ausdruck von Salben und Weintrinken vgl. Amos 6, 6: »Sie
trinken den Wein aus Schalen und salben sich mit dem edelsten Öl.«

Über die Äußerungen der Trauer durch das Tragen des שׂק und durch
Fasten vgl. Benzinger, Hebräische Archäologie S. 165.

### Zeile 21.

Wenn die Lesart richtig ist, muß זכי damals bedeuten. Indessen
an Stelle von זכי מן steht in II, 19 מן[ז] זך זך[ז]=, wonach man vermuten
könnte, daß זכי ein Schreibfehler für זך רים sei, da es anderweitig kaum
bezeugt ist. Doch vgl. targumisches דיכי (bei Levy). Anstatt ילבונה hat
II, 20 לבונה ohne       Dieselben drei Arten Opfer werden Z. 25 in der Form
ומנחתא ולבונתא ימחתא aufgezählt. Das Wort עלוה, עלותא in Z. 25, ist der
Singular des bei Esra 6, 9 vorkommenden Plurals עֲלָוָן, wofür in späterer
Zeit ܥܠܬܐ auftritt. Über die verschiedenen hier genannten Opferarten
vgl. Benzinger, Hebräische Archäologie S. 443ff. Wie die Juden von
Jeb, so erzählen bei Esra 4, 2 die Leute von Samaria, daß sie keine Opfer
dargebracht hätten, seitdem Esarhaddon sie dorthin verpflanzt habe.

### Zeile 22.

Mit dem Ausdruck בעלי יב Bürger, Bewohner von Jeb sind biblische Ausdrücke wie בעלי יריחו Bürger von Jericho Jos. 24, 11 zu
vergleichen. Verwandt ist auch der Ausdruck בעלת בזנתי = ΒΥΖΑΝΤΊΑ in
der bekannten phönizischen Inschrift aus Athen (CIS. I, I Nr. 120).

Anstatt אמרין bietet II, 21 die Schreibung אמרן.

### Zeile 23.

Der Ausdruck הן על מראן טב findet sich ebenso in Esra 5, 17: הן על
מלכא טב.

Mit אתעשת ist das biblisch-aramäische עֲשִׁית Dan. 6, 4, das targumische
אִתְעֲשֵׁת, das hebräische עשׁת, sowie בעשתא bei Sayce-Cowley C 5, D 5 zu
vergleichen.

בזי weil wie edessenisch — כ.

Mit שׁבקן ist zu vergleichen Esra 6, 7.

חזי »Sieh«, d. i. sich an, gedenk' der בעלי טבתך. Das Wort בעלי ist hier wie etwa das arabische اصحاب gebraucht, die Inhaber der Gaben deiner Güte und Gnade. Ein ähnlicher Gebrauch des Wortes בעל liegt vor in Prov. 3, 27: עַל תִּמְנַע־טוֹב מִבְּעָלָיו »Enthalte das Gute nicht seinen Inhabern vor«, d. h. denjenigen, die es nach Recht und Gewohnheit von dir bekommen. Nach der Meinung der Petenten muß Bagoas ein einflußreicher Mann gewesen sein: welche Verbindungen er aber speziell in Ägypten hatte, ist nicht angedeutet.

## Zeile 24.

Über ישׁתלה, wo man תשׁתלה erwartet, siehe oben zu Z. 12.

## Zeile 25.

Der Sinn von לקבל זי (auch III, 10) ist entsprechend dem wie, so wie, genau wie. Es wechselt in III, 8 mit כי.

Das Wort מוזחא ist ein Schreibfehler für מזחתא. Vgl. מזחה Z. 21 und III, 9.

Anstatt יקרבון (über die Endung vgl. zu Z. 6 יהעדו) bietet II, 24 die Lesart נקרב: »wir werden darbringen«.

## Zeile 26.

In dem Worte מדבחא (ebenso II, 24; III, 3 und ferner hier ידבחן Z. 28) repräsentiert das ד die jüngere Lautstufe gegenüber dem älteren ז, das hier in זנה, זא, זך, זכי, זהבא vertreten ist und in den altaramäischen Inschriften aus Nordsyrien allein vorkommt. Es bereitet sich also im Aramäischen der Übergang vom ältesten Lautbestande zum jüngeren nicht erst im Zeitalter Alexanders vor, wie ich früher annahm (s. Ausgrabungen in Sendschirli I, S. 69), sondern bereits in der Mitte der Achämenidenzeit. Vgl. oben zu Z. 11 עקהן.

## Zeile 27.

Anstatt כל (יהודיא כל) bietet II, 25 כלא.

Anstatt עבדו עד זי bietet II, 25 תעבד זי עד. Der Lesart עד זי gebührt der Vorzug; vgl. das im Daniel häufige עד די (2, 9. 34; 4, 22. 30; 5, 21; 6, 25; 7, 8. 22).

Über die Form יהוה, wo man תהוה erwartet, s. Anm. zu Z. 12 זי הוה. Wenn וצדקה richtig überliefert ist, muß ' hier mit auch übersetzt werden. Die Bedeutung des Wortes ist hier dieselbe wie Nehem. 2, 20, d. i. Anteil' an einer Sache, Anrecht. Bagoas soll einen Geldanteil an den Opfern bekommen, die in dem wiederaufzubauenden Tempel dargebracht werden. Dieser Anteil ist ein merkwürdiges Gegenstück zu demjenigen Anteil an den im Tempel zu Jerusalem darzubringenden Opfern, den er sich in Vergeltung des vom Oberpriester Jehôhânân im Tempel begangenen Brudermordes (s. oben S. 16) dekretierte, wie Josephus XI, 297 berichtet: ΦΟΡΟΥC ἐπέταξε τοῖc Ἰουδαίοιc πρὶν τὰc καθημερινὰc ἐπιφέρειν θυcίαc ὑπὲρ ἄρνὸc ἐκάcτου τελεῖν αὐτοὺc δημοcίᾳ δραχμὰc πεντήκοντα.

## Zeile 28.

Zu כבר זי vgl. Têmâ 12/13 im CIS. II, I S. 109. Zu der Stelle

דמן כדמי כסף כנכרין זלך

ist zu bemerken, daß II, 26 die folgende Lesart bietet:

דמי כסף בנכרין אלך

Das Wort דמן ist das edessenische הגכלא, Targumisch דמין. Die Schreibung זלך halte ich für einen Fehler anstatt אלך. Ist etwa כנכר = כְּבַר? In dem Falle kann man übersetzen: »einen Wert gleich dem Wert eines Silber(-Sekels) für 1000 Talente.« Ein solcher Anteil wäre aber doch wohl viel zu gering. Es bleibt daher nur die andre Möglichkeit übrig, daß das Wort כנכר in jener Zeit und jener Umgebung einen Geldwert von viel geringerem Betrage als dem eines כְּבַר bezeichnet hat.

Das folgende ועל ist in II, 26 על ohne ו geschrieben. Ich halte diesen Satz »Und über das Gold, über dieses haben wir Nachricht und Kenntnis gegeben« für eine absichtlich verschleierte Äußerung, welche dem Adressaten andeuten sollte, daß sie auf andrem Wege Fürsorge getroffen hätten, ihm ein Geschenk an Gold zugehen zu lassen. Die Phraseologie erinnert an Esra 4, 14:

עַל־דְּנָה שְׁלַחְנָא וְהוֹדַעְנָא

## Zeile 29.

Anstatt באגרה bietet II, 27 die Lesart אגרה (»als einen Brief«), und anstatt שלחן בשמן die Lesart בשמן שלחן.

Vgl. auch Têmâ 15 im CIS. II, I S. 109: צדקתא.

Das Wort מִלָּא nehme ich in dem Sinn Angelegenheiten, Dinge.
Der Gebrauch des Wortes כלא scheint mir hier etwas anders und häufiger
zu sein als im spätern Aramäisch, z. B. im Edessenischen. Übrigens ist
zu beachten, daß an drei Stellen I, 17. 22. 27 כל bietet, wo II, 15. 21. 25
כלא liest, und daß an zwei Stellen die Stellung des Wortes כלא im Satz
in I, 11. 30 eine andre ist als in II, 9. 28.

### Zeile 30.

An Stelle von כלא לן עביד זי hat II, 28 die Wortfolge

כלא זי עביד לן.

Der Statthalter von Samarien, Sanballaṭ (im Alten Testament, CANA-
BAΛΛΑΤ wie hier in der Septuaginta), der bekannte Feind Nehemias, bedarf
keines Kommentars. Da hier durch nichts angedeutet wird, daß er nicht
mehr am Leben war, müssen wir annehmen, daß er zur Zeit, als diese
Urkunde geschrieben wurde, 408/407 n. Chr. G. sich noch im Amte befand,
daß er hier in demselben Sinne פחת שמרין genannt wird, wie in Z. 1 Bagohi פחת יהוד.

Söhne Sanaballaṭs werden im Alten Testamente nicht erwähnt. Es
ist beachtenswert, daß seine beiden hier zuerst auftauchenden Söhne rein
judäische Namen führen, Delâjâh[1] und Schelemjâh. Namen, die in der
nachexilischen Zeit nicht selten sind und speziell auch in der Zeit und
Umgebung des Sanaballaṭ vorkommen; s. Neh. 6, 10—12; 13. 13; I. Chron.
3, 24; 24. 18. Wenn nun Sanaballaṭ seinen Söhnen judäische Namen gab,
so war er vermutlich von Geburt ein Nichtjudäer, der später zum Juden-
tum übergetreten war, oder er war von Geburt Jude und hatte wegen
irgendeiner Rücksicht auf die persische Herrschaft einen babylonischen
Namen, Sin-uballiṭ, angenommen, wie 'Anani, der Bruder des Hohen-
priesters Jehôḥânân, den Namen Ostanes angenommen hatte. Wie Nebu-
kadnezar nach der Eroberung von Jerusalem in Gedaljâh Ben Aḥikâm und
Artaxerxes I. Longimanus in Nehemia einen Einheimischen zum Statthalter machten, so hätte demnach auch Samarien einen Landessohn als
Statthalter gehabt. Warum Sanaballaṭ nicht gleich einen persischen
Namen anstatt eines babylonischen angenommen, ist nicht ersichtlich.
Die babylonischen Namen scheinen damals im semitischen Orient vorge-

So heißt der Vater eines Feindes Nehemias; Neh. 6, 10.

herrscht zu haben, denn in den Kontrakten aus der Achämenidenzeit führen die Menschen mit ganz geringen Ausnahmen babylonische, nicht persische Namen.

Die jüdische Gemeinde von Elephantine wendete sich in ihrer Bedrängnis an drei Adressen:

1. an den Oberpriester Jehôḥânân und seinen Bruder Ostanes-'Anânî in Jerusalem. Diese antworteten nicht.

2. an Delâjâh und Schelemjâh, die Söhne des Statthalters Sanaballaṭ von Samarien;

3. an den persischen Statthalter Bagoas von Judäa.

Daß zwischen dem Hohenpriester Jehôḥânân und Sanaballaṭ verwandtschaftliche Beziehungen bestanden, ist oben S. 33 zu Z. 18 mitgeteilt worden. Daß aber die Gemeinde sich an die Familie desjenigen Mannes wenden sollte, welcher der ärgste Feind Nehemias und der Rekonstitution des jüdischen Volkes und seines Kultus gewesen war, an die Söhne des Sanaballaṭ, erscheint befremdlich. Haben etwa die Juden in Elephantine von Nehemia und seinem großen nationalen Werke gar keine Kenntnis gehabt? Oder war seit dem Abzuge Nehemias nach Babylon (etwa im Jahre 433) über seinen Streit mit Sanaballaṭ schon so viel Gras gewachsen, daß die Gemeinde glaubte, diese Dinge, ohne Furcht Anstoß zu erregen, disregardieren zu können? Oder aber stammten die Juden in Elephantine etwa gar nicht aus Juda und Benjamin, sondern aus verschiedenen Teilen der alten Reiche Judas und Israels (sie konnten schon vor der Zerstörung beider Reiche nach Ägypten gekommen sein), so daß sie sich als an dem politischen und religiösen Gegensatze zwischen Jerusalem und Samarien nicht direkt beteiligt erachten konnten? Wie dies alles nun aber auch sein mag, soviel scheint mir sicher, daß sie nicht im Geiste Nehemias handelten, als sie die Söhne seines Erzfeindes um Hilfe baten.

Das Monatsdatum ist in I, 30 nicht deutlich erkennbar, wohl aber in II, 28.

Wenn nun nicht alle Zeichen trügen, ist der jüdischen Gemeinde in Elephantine ihr sehnlicher Wunsch, die Erlaubnis zum Wiederaufbau ihres zerstörten Gotteshauses zu bekommen, erfüllt worden. Denn der folgende kleine, jedoch vollständige Papyrus kann ungezwungen in diesem Sinne gedeutet werden. Diese Urkunde ist nicht das Antwortschreiben des einen oder andern der drei in Urkunde I erwähnten Adressaten, sondern nach meiner Auffassung eine im Archiv der Gemeinde von Elephantine aufbewahrte Notiz betreffend die mündliche Antwort, welche der persische Statthalter Bagoas von Judäa und Delâjâh, der Sohn des Statthalters Sanaballat von Samaria, dem Überbringer bzw dem Verfasser der Bittschrift Jedonjâh gegeben hatten.

# Urkunde III.

(Ein Faksimile wird später veröffentlicht werden.)

זכרן זי בגוהי ודליה אמרו

ל׳ זכרן לם יהוי לך במצרין לממר

3 קדם ארשם על בית מדבחא זי אלה

4 שמיא זי ביב בירתא בנה

5 הוה מן קדמן קדם כבוזי

6 זי וידרנג לחיא זך נדש

בשנת ר ׀׀׀׀ דריוהוש מלכא

8 למבניה באתרה כזי הוה לקדמן

9 ומנחתא ולבונתא יקרבון על

מדבחא זך לקבל זי לקדמין

הוה מתעבד

## III.
## Übersetzung.

1. Nachricht von dem, was Bagohi und Delâjâh mir gesagt haben,
Nachricht wie folgt:

2. »Du sollst in Ägypten sprechen

3. vor Arsames über das Altarhaus des Gottes

4. des Himmels, welches in der Festung Jeb gebaut

5. war vor unsrer Zeit, vor Kambyses,

6. welches Waidrang, jener זהרא zerstört hatte

7. im Jahre 14 des Königs Darius,

8. es wieder aufzubauen an seiner Stelle, wie es früher gewesen ist.

9. Und Speiseopfer und Weihrauch sollen sie darbringen auf

10. jenem Altar ebenso, wie früher

11. getan zu werden pflegte.«


Diese kleine Notiz, Nachricht, Erwähnung זכרן (biblisch-aramäisch דָּכְרָן)
ist in der Hauptsache aus Worten und Wendungen, die in der Bittschrift I
vorkommen, zusammengesetzt. Was die Überschrift betrifft, so möchte ich
daran erinnern, daß in Esra 6, 2 das Wort דכרנה in ähnlicher Weise wie
hier זכרן der folgenden Urkunde als Überschrift vorgesetzt worden ist.

Die Schreibung יהוי III, 2 ist ein Fehler für יהוה, wie in I, 27 überliefert ist[1].

Das Wort לממר ohne א (statt למאמר) findet sich ebenso Esra 5, 11.

Über den Ausdruck בית מדבחא s. oben zu Z. 6 אגורא.

Arsames (Z. 3) muß also zur Zeit, als diese Antwort in Elephantine
eintraf, wieder Statthalter von Ägypten gewesen sein.

Die Schreibung קדמן III, 5 ist ein Schreibfehler für קדמין (wie I, 25).

Dieselbe Redeweise »Es wird dir sein zu sagen« ebenso in einem um ein
Jahrtausend jüngern aramäischen Klassiker ܢܗܘܐ ܠ ܠܡܐܡܪ ܘܢܗܘܐ »Es wird uns
sein uns zu freuen und zu danken«, s. Išô'jabh III. Patriarcha, Liber epistularum
ed. R. Duval I, S. 270, 20. Vgl. auch Sayce-Cowley C 11: לך לכלקח [יהוה].

Es wird betont durch באתרה III, 8, daß der Tempel an derselben Stelle, wo er früher war, wieder aufgebaut werden soll. Vgl. על אתרה bei Esra 5, 15: 6, 7.

Das Wort לקדמן III, 8 und לקדמין III, 10 kann dem edessenischen ܠܩܕܡܝܢ entsprechen.

Am Ende der Einzelerklärung angelangt, sollte ich nach bisherigem Brauch eine Übersicht über das sprachliche Formenwesen und den Wortschatz dieser Urkunden geben, ziehe aber vor, diese Arbeit erst später im größern Zusammenhange der Edition und Bearbeitung sämtlicher Sprachdenkmäler, welche wir Dr. Rubensohns Grabungen verdanken, zur Ausführung zu bringen. Was diese Erstlinge seiner Ernte uns lehren, fassen wir in folgende Sätze zusammen:

Es gab in Elephantine im 5. Jahrhundert v. Chr. G. eine jüdische Gemeinde, welche einen geräumigen, wohlgebauten Tempel mit fünf Toren und einem Dach aus Zedernholz besaß. Die Erbauer desselben waren reich genug gewesen, die Zedern vom fernen Libanon bis an die Grenze Nubiens kommen zu lassen, und ihre Nachkommen waren reich genug, sich Opferschalen aus Gold und Silber zu halten.

Der Tempel stammte, als die Urkunde I geschrieben wurde, 408/407 v. Chr. G., schon aus alter Zeit. Kambyses, als er 525 Ägypten betrat, hatte ihn bereits vorgefunden, und während er die Tempel der Götter Ägyptens zerstörte, hatte er, der Sohn des großen Fürsten, der den im babylonischen Exil lebenden Juden die Rückkehr in ihre Heimat erlaubt hatte, dem Tempel der jüdischen Gemeinde in Elephantine keinerlei Unbill zugefügt. Wann war dieser Tempel erbaut? wann war die jüdische Gemeinde in Elephantine angesiedelt worden? nach der Zerstörung Jerusalems durch die Babylonier 588? nach der Zerstörung Samarias durch die Assyrer 723? — Hierüber geben die Urkunden und Urkundenreste aus Elephantine, so lehrreich sie in vielen andern Dingen sind, keinerlei Auskunft.

In diesem Tempel brachten sie ihrem Gotte Jâhû, dem Herrn des Himmels, ihre Gebete, ihre Brandopfer, Speiseopfer und Weihrauchopfer dar. Sie waren ihm mit ungeteilter Treue ergeben. Von irgendwelcher Abwendung zu ägyptischen Göttern ist hier keine Spur. Als ihnen ihr Tempel zerstört wurde, trauerten sie in Trauerkleidern und mit Fasten: sie hatten nun keine geweihte Stätte mehr, wo sie ihrem Gotte dienen konnten, und in rührenden Worten versichern sie den, der ihnen vielleicht die Möglichkeit des Wiederaufbaues ihres Tempels erschaffen wird, ihrer Dankbarkeit, indem sie geloben, samt Frauen und Kindern für ihn, den Zoroastrier, zu ihrem Gotte beten zu wollen.

Die Juden erfreuten sich des Schutzes der Darius, Xerxes und Artaxerxes. Unter ihrem Regiment haben sie ein friedliches, in jeder Beziehung befriedigendes Dasein geführt, und erst. als Arsames. der persische Statthalter, das Land verlassen und an den Hof des Großkönigs gezogen war. gelang es einer Verschwörung ägyptischer Priester und persischer Unterbeamten, das Heiligtum der jüdischen Gemeinde zu zerstören. Indessen. die bald darauf erfolgte Reaktion und Bestrafung der Übeltäter scheint wiederum ein Werk der persischen Staatsgewalt gewesen zu sein.

Indem Jeremias seinen Landsleuten in Ägypten ihr Verderben durch Schwert, Hunger und Pest prophezeit, läßt er wenigstens an einer Stelle erkennen, daß sie Sehnsucht hatten, in ihr Vaterland zurückzukehren[1] Eine solche Sehnsucht ist nun zwar aus unsern Papyrusurkunden nicht herauszulesen, wohl aber zeigen sie, wie die Juden von Elephantine, als sie in Not gerieten. ihre hilfesuchenden Blicke nach Palästina und nur dorthin richteten, zu dem Hohenpriester in Jerusalem, wie zu den von der persischen Regierung eingesetzten Landvögten von Israel und Juda. Sie müssen also in Ägypten selbst damals keine einflußreichen Protektoren gehabt haben.

Die Sprache unsrer Urkunden ist reines Aramäisch, so rein, wie es nur aramäische Musterschriftsteller gleich Aphraates. Ephraem. Narses u. a. schreiben. Die Datierung dieser Urkunden ist wichtig für die trotz aller Bemühungen noch so dunkle älteste Geschichte der Aramäer und ihres gerade in dieser ältesten Periode dem Hebräischen so nahe verwandten Dialekts wie nicht minder auch für die Geschichte des Hebräischen. Ich habe den Eindruck, daß das Hebräische für die Juden zu Elephantine im 5. vorchristlichen Jahrhundert nur noch höchstens die Sprache des Kultus und der heiligen Schriften war. Daß sie ihre Geschäftsurkunden aramäisch schrieben, mochte sich aus der Rücksicht auf die Reichsbehörden, vor denen

---

Jerem. 44, 14: אֶרֶץ יְשֻׁבֵי.

eventuell die Geschäfte verhandelt werden mußten, als notwendig ergeben. Wenn sie aber auch ihre Erzählungen und Dichtungen, wie die in Zukunft zu veröffentlichenden Papyri dartun werden, aramäisch, nicht hebräisch, schrieben, so deutet dieser Umstand mit Sicherheit darauf hin, daß die Volkssprache unter ihnen, die Sprache von alt und jung, Mann, Weib und Kind das Aramäische war.

Die Ausgrabungen in Elephantine haben das Alte Testament um ein ebenso neues wie inhaltreiches Kapitel bereichert. Was wird die Fortsetzung derselben ergeben? Daß sie aber fortgesetzt werden müssen, darüber wird unter den Freunden der Bibel und des Altertums kein Zweifel sein, und an den dazu nötigen Mitteln wird es in unsrer ausgrabungsfreudigen Zeit hoffentlich nicht fehlen.

# Fundbericht.

### Von Dr. Otto Rubensohn.

Die an der Südspitze der Insel Elephantine gelegene Trümmerstätte (= Kom) der antiken gleichnamigen Stadt ist in ihrer nördlichen Hälfte bedeckt von einem dichten Gewirr von Mauern aus Luftziegeln, die von Privathäusern aus den verschiedensten Perioden des Altertums herrühren. Die ganze westliche Hälfte des Komes ist in den verflossenen Jahrzehnten von Sebaḥgräbern, d. h. von Fellachen, die in den antiken Ruinen nach Düngererde graben, gründlichst verwüstet worden, so daß heute der nicht durchwühlte Teil des Komes an seiner Westseite, besonders nach Südwesten hin, in steilem Abfall zu den durch die Grabungen der Fellachen auf ein bedeutend niedrigeres Niveau herabgeminderten Teilen der alten Stadt abstürzt.

Die aramäischen Papyri kamen in zwei Räumen zutage, die in zwei verschiedenen, aber nicht weit voneinander entfernten Häuserkomplexen, unweit des heutigen Westrandes des Komes, gelegen sind. Bei weitem die größere Menge der Fundstücke hat der südliche der beiden Räume geliefert, in dem nördlicher gelegenen kamen nur wenige fragmentierte Stücke heraus.

Wie fast alle privaten Ziegelbauten von Elephantine, so war auch der, welcher die aramäischen Fundstücke enthielt — im folgenden ist nur von der südlichen Fundstätte die Rede — arg zerstört; außerdem erschwerten die mehrfachen Umbauten, die das Haus in verschiedenen Epochen deutlich erfahren hat, mit ihren ganz gleichartig gebauten Mauerresten außerordentlich die Übersicht. Ein sicherer Grundriß des aramäischen Hauses hat sich daher nicht feststellen lassen. Die Zerstörung der Anlage ist nur zum geringen Teil eine Folge der Einwirkung der Zeit. Die Hauptschuld an ihr ist den Taten der Sebaḥgräber zuzuschreiben, deren Spuren wir deutlich wahrnehmen konnten. Die Grabungen dieser Leute können nur ganz kurze Zeit zurückliegen. Da das fragliche Zimmer in unmittelbarer Nähe des Punktes gelegen ist, der mir schon vor zwei Jahren von dem Verkäufer der von Mr. Mond erworbenen aramäischen Papyri als deren Fundstätte bezeichnet worden war — in der ersten Kampagne, Februar 1906, haben wir von diesem Punkt aus nach Süden gegraben und fanden griechische Papyri; diesmal gruben wir von dem Punkt aus nach Norden und stießen bald auf die aramäischen Stücke —, so kann es kaum einem Zweifel unterliegen, daß unsre Papyri und die jetzt im Kairiner Museum befindlichen einem und demselben Fundort, nämlich dem von uns ausgegrabenen Zimmer, entstammen. Die Kairiner Papyri sollen nach Aussage der Händler in einem Topf gefunden sein; auch die griechischen Papyri aus unserer ersten Kampagne sind in zwei Töpfen geborgen gefunden worden. Die neuen Aramäerurkunden sind aber keine solche Depotfunde, vielmehr lagen sie durchweg im Schutt an der östlichen und südlichen Mauer des Zimmers, kaum ¼ m unter der heutigen Oberfläche. Die beiden ersten Stücke fanden wir in verworfenem Schutt westlich außerhalb des Zimmers, wohin sie offenbar durch die unberufenen früheren Ausgräber verschleppt worden waren.

Die sonstigen Funde, außer den Papyri, waren in dem südlichen Hause nur ganz geringfügig; nur wenig erheblicher waren sie in dem nördlicher gelegenen Zimmer. Einige große Tongefäße mit aramäischen Aufschriften wurden an einer weit von diesen beiden Fundstätten entfernten Stelle, in unmittelbarer Nachbarschaft des großen Chnumtempels in den Zimmern eines noch leidlich erhaltenen Hauses, gefunden.

Berlin, gedruckt in der Reichsdruckerei.

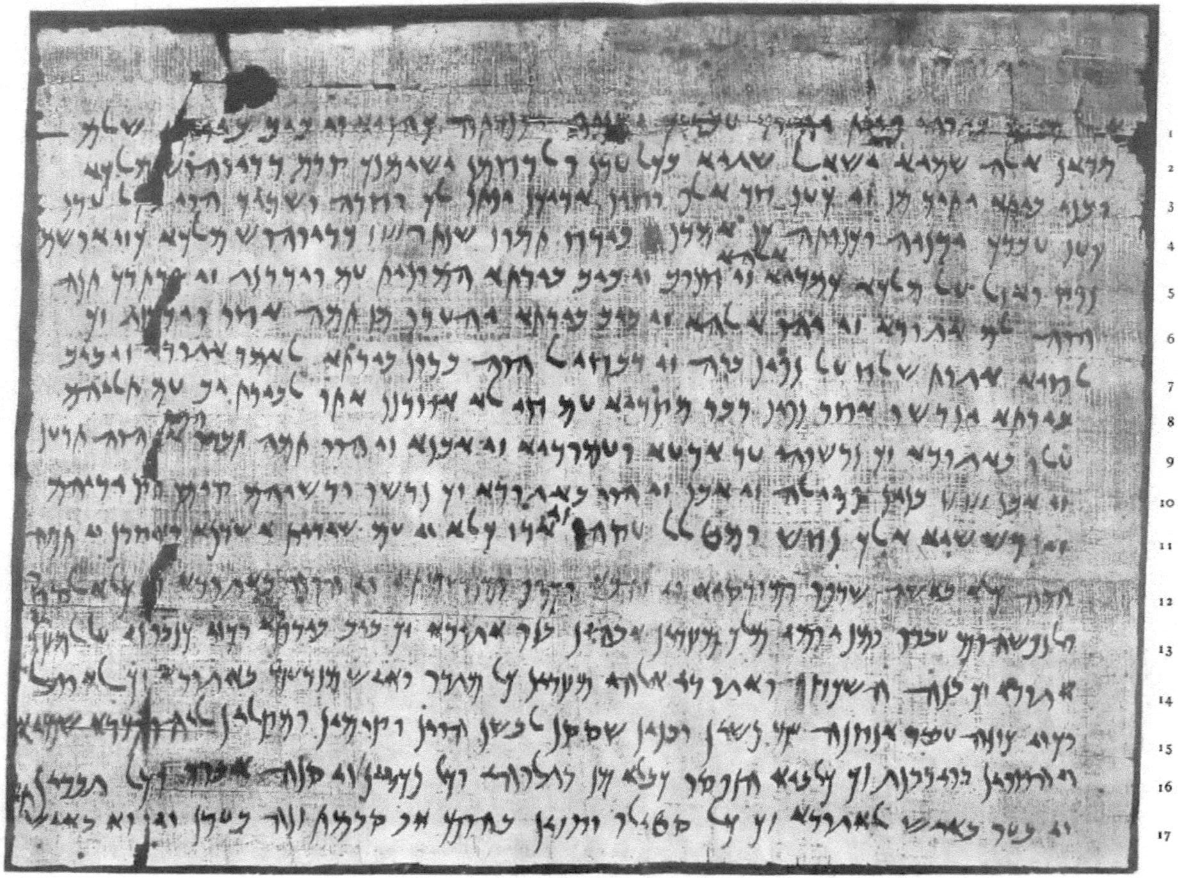

Sachau: Drei aramäische Papyrusurkunden.

Taf. I.

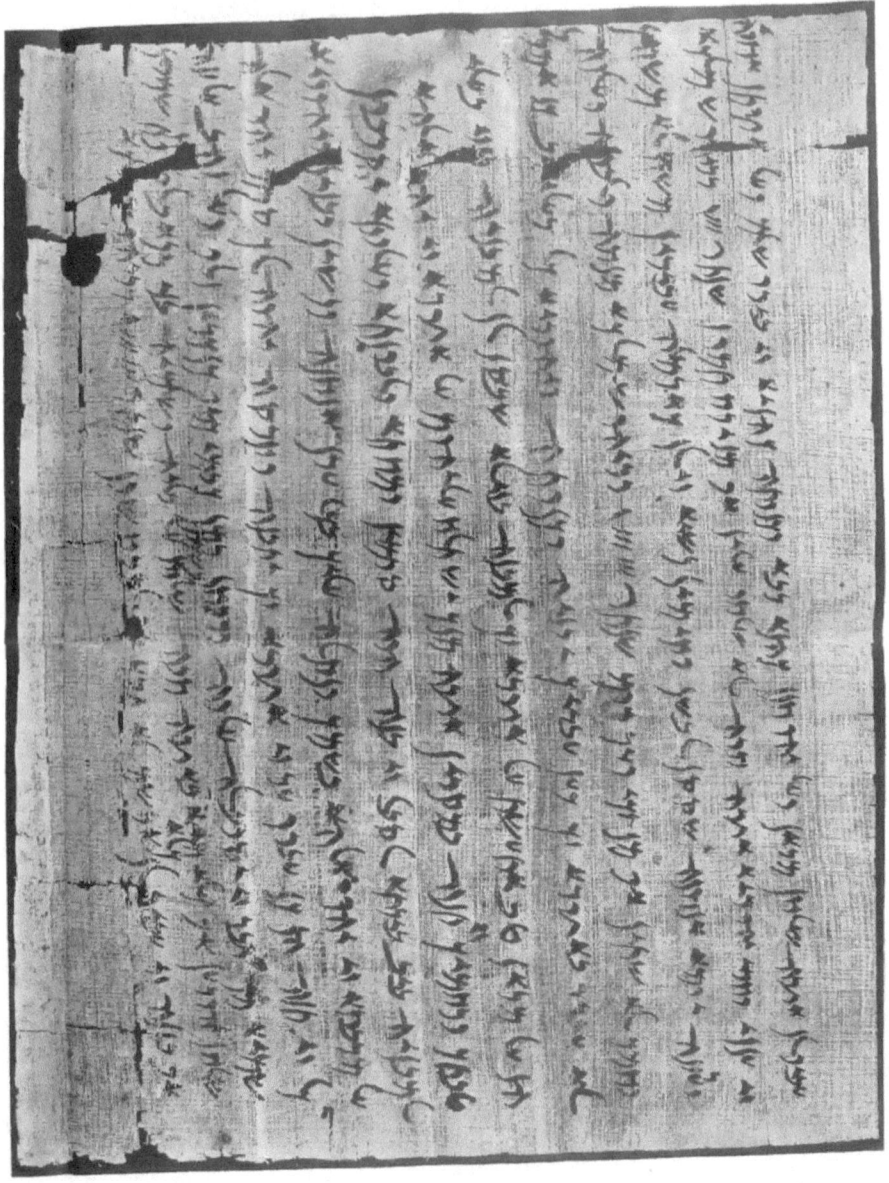

FSC
www.fsc.org
MIX
Papier | Fördert
gute Waldnutzung
FSC® C083411

Zeitfracht Medien GmbH
Ferdinand-Jühlke-Straße 7
99095 Erfurt, Deutschland
produktsicherheit@kolibri360.de